JN112413

子どものうつと
問題行動・不登校の関連

「うつ」という子どもの SOS と学校ができる支援

周防 美智子

学文社

はじめに

　近年，子どもたちの教育現場における問題行動，不登校などの諸問題は，きわめて懸念すべき状況にあり，教育現場だけでなく子どもの人権保障上の大きな課題でもある。

　子どもの問題行動や不登校には，子どものメンタルヘルスの状況とともに，子どもが抱えるさまざまな背景があり，そこには学校，家庭，地域等の環境要因が複雑に絡み合っている。すなわち，問題行動や不登校の状況は子ども個人の問題だけで起きているのではないといえる。そのため，子どもが表出している問題行動や不登校だけに着目するのではなく，行動表出の背景にある環境やメンタルヘルス等の影響要因に視点を置いた支援が必要である。

　昭和23年から開始された学校基本調査「在学者数の推移」において，第2次ベビーブーム以降，小学校の在籍者数は昭和56年をピークとして減少，中学校では昭和61年より減少にある。しかし，児童生徒の問題行動・不登校等の発生は，在籍者数と逆比例し増加傾向にある。

　このような児童生徒の問題行動・不登校の増加の現状について，児童精神医学領域では，子どもの不登校やいじめ，無気力傾向，対人関係の弱さや暴力行為に対して，子どもたちを抑うつの視点から検討する必要があると指摘する。

　また，WHO（世界保健機構）は世界的にうつが深刻な状況だと報告している。とくにアメリカの子どもたちにおいては1994〜2003年の10年間で躁うつ病と診断された人数が2万人から80万人となり，40倍になったとの報告があり，子どもに広がるうつ病の存在に懸念されている。さらに，世界子供白書2021（ユニセフ基幹報告書）では，コロナ禍において10代の若者7人に1人が心の病であると警鐘を鳴らしている。しかしながら，これらの報告は現状把握にとどまり，うつの存在が及ぼす子どもの問題行動や不登校への影響については明らかにされていない。

　子どものメンタルヘルスは，心理社会的要因と生物学的要因・医学的要因か

ら捉えることができる。心理社会的要因には，虐待，DV（ドメスティック・バイオレンス），保護者の精神不安などによる家庭環境のストレスやいじめ，友人（対人）関係の摩擦による学校環境のストレスや，震災や事故などによる心的外傷後ストレス障害（posttraumatic stress disorder：PTSD）などがある。心理社会的要因の環境問題には，家庭環境・学校環境・地域環境があり，その根底に，家庭や家族の貧困，虐待，ひとり親，ステップファミリー，子育て不安，障害，過保護，過干渉，過期待，過許可などと，学校や地域における孤立，ストレスなどが複合的に絡み合うことが多い。また，生物学的要因・医学的要因は，脳神経に関係する機能性精神疾患・器質性精神疾患・発達障害と身体疾患によって精神的症状があらわれるものがある。さらに，発達障害は，機能性精神疾患や器質性精神疾患とは異なる脳発達の障害である。近年，学校現場では，これらのメンタルヘルスに絡んだ課題が増加していると考えられる。

　筆者は長年，学校現場で子ども（小学生・中学生）を支援してきたなかで，問題行動や不登校の背景にうつが存在するのではないかと思い，2009年から研究を行ってきた。近年は，科研費基盤研究C（18K02156）において追跡調査を行い，抑うつ状態と行動，背景課題の状態を再検証している（2020年度日本小児保健協会学術集会優秀演題賞受賞）。

　本書は，不登校の継続や長期化，暴力行為，いじめ，非行などの問題行動，不登校の要因についてメンタルヘルスの課題となる「うつの視点」から検証し，教育現場での支援を探索している。本書が，子どものうつについて教育関係者だけでなく保護者，子ども支援者などの周囲の大人の理解につながり，子ども支援の一助になれば幸いである。

2024年1月吉日

周防　美智子

目　　次

第1章 児童生徒の問題行動・不登校と抑うつの関連検証が必要

1. 児童生徒の問題行動や不登校の要因と適切な支援

　近年，学校現場におけるいじめ，暴力行為，非行など問題行動や不登校の増加と低年齢化，また心理的ストレス，精神疾患などメンタルヘルスに関する課題は深刻な問題であり，その現状は，子どもの発達や学習，参加の権利を揺るがす社会問題である。

　令和4年度文部科学省「児童生徒の問題行動・不登校等生徒指導上の諸問題に関する調査」では，いじめの認知件数は小学校約551,944件，中学校約111,404件で，昨年と比較すると，小学校は51,382件，中学校は13,467件の増加となる。さらに，暴力行為をみると，小学校は前年より13,317件増加し61,455件，中学校は5,249件増加の29,699件であった。いじめ，暴力行為とも児童生徒1,000人当たりのいじめ認知，暴力行為発生件数は増加状態であり，児童生徒の問題行動は依然として厳しい状況にある。また，不登校児童生徒は，小学校では105,112人，中学校では193,936人で，小中学校の不登校児童生徒数は299,048人となった。前年と比較すると小学校23,614人，中学校30,494人の増加である。在籍数に占める不登校児童生徒の割合は，前年と比較すると，小学校は0.4%増加の1.7%，中学校でも1.0%増加し6.0%となった。

　また，学校現場のメンタルヘルスに関する状況であるが，これは日本学校保健会の「保健室利用状況に関する調査報告書（平成28年度調査結果）」から概観することができる。報告によると，1校あたりの1日平均利用者数は，小学校22人，中学校19人であった。利用者の主な背景要因は身体に関する問題よりも，「こころに関する問題」が多く，小学校40.6%，中学校44.5%を占めている。こころに関する問題には，いじめ，友達・家族・教員との人間関係，虐待，精神障害，発達障害などに関するものがある。文部科学省「児童生徒の問題行動・不登校等生徒指導上の諸問題に関する調査結果」に報告される児童生

徒の問題行動を数値だけで捉えると，生徒指導や教育相談上の問題増加として問題視されがちであるが，「保健室利用状況に関する調査報告書」も併せて考えると，児童生徒の問題行動の現状に心理的ストレスや人間関係によるこころの悩みなどメンタルヘルスの問題が影響しているように思われる。

精神医学の立場では，学校現場での不登校，いじめ，対人関係の問題や暴力行為に対して，子ども（18歳以下）を抑うつ[1]の視点から検討していくことが必要だとする指摘がある（村田ら1989；傳田2002）。過去において，うつ病は一般的には青年期以降に発症する青年期・成人期・老年期の精神障害であると認識されていた。そのため，子どもが抑うつ気分[2]になってもそれは一時的な反応であり病的な状態ではないとされていた。しかし，1980年発表のDSM-Ⅲ[3]（American Psychiatric Association 1980）の操作的診断基準が用いられるようになり，大人と同じ抑うつ症状をもつ子どもの存在として注目され，子どものうつ病[4]が認識されるようになった（Harrington 1994）。診断基準のDSM-Ⅳでは，うつ病の主症状として①抑うつ気分，②興味・喜びの喪失（減退），副症状として①食欲不振，体重減少，②睡眠障害，③焦燥感または行動制止，④易疲労感，気力減退，⑤無価値観，罪責感，⑥思考力・集中力の減退，決断困難，⑦自殺念慮，自殺企図をあげている。これが子どもに適応される場合，主症状の抑うつ気分は，イライラした気分（易怒的な気分），副症状の体重減少においては，成長期に期待される体重増加が見られないことに置き換えてよいとされる。また，2013年の改訂版DSM-5において児童・青年期うつの診断基準はこれまでと同様である。

日本学校保健会が発行する「児童生徒の健康状態サーベイランス事業報告書（平成30年度・令和元年度）」における小学生・中学生のメンタルヘルスに関連する自覚症状の調査結果の概要によると，「気分の落ち込みのせいで，何もする気にならないことがある」「よく眠れないことがある」「食欲がないことがある」などを訴える児童生徒が見られ，調査結果から児童生徒の抑うつ状態も少なくないと思われる。

子どものうつに関する先行研究には，子どもの中にどの程度の割合で抑うつ

症状が見られ、どのような状態なのかについての実態調査研究（村田ら 1989,
1992, 1996；傳田 2002, 2004）がある。また、うつで受診する子どもを対象と
した研究では、学校に行けなくなる、イライラして当たり散らす、落ち着きが
ない、頭痛や腹痛などの身体状況、めそめそする、自責、後悔、悲観的な考え、
学業低下や対人関係の障害を引き起こすなど、うつの影響によって起こる学業
や心身の症状が報告されている（村田 1998；傳田 2007）。

　しかし、これまでの研究では学校現場の児童生徒を対象として、問題行動の
要因を抑うつの視点から検討されていない。また、うつ病の発症が一般的に思
春期以降であると考えられることから、小学生を対象とした抑うつ研究が少な
い。さらに、児童生徒の抑うつに関する調査において、児童生徒自らが回答し
た調査は少なく、調査結果に周囲の大人のバイアスがかかっている可能性があ
ると思われる。

　以上のことから、学校現場に抑うつを示す児童生徒が存在することの現状を
把握することは重要であると考えるが、抑うつと行動との関連を検討しなけれ
ば、いじめ、暴力行為や不登校などの行動の要因究明にはつながらない。要因
を究明することから適切な支援が見えるはずである。児童生徒の問題行動や不
登校の要因と適切な支援は、子どものために取り組まなければならない喫緊の
課題である。

注）
※本書において「子ども」「児童生徒」は、小学生・中学生を対象としている。
　また、小学生・中学生は、小学校および中学校に在学するものとして使用している。
1）気分が落ち込み、活動を嫌っている状況であり、そのため思考、行動、感情、幸
　福感に影響が出ている状況のこと。
2）気分が落ち込んで何もしたくない状態。誰でもなる可能性がある抑うつ気分であ
　る。
3）Diagnostic and Statistical Mental Disorders の略称である。アメリカの精神医学
　会が発行している精神障害の診断と統計のためのマニュアル。1952 年に第1版
　DSM-I（1952）が発表され版を重ね、現在では DSM-5（2013）が使用されている。
　もともとは、アメリカ1国だけで使用することを目的に作られたものだが、第3

版 DSM-III（1980）から精神症状の記述を重視した分類に変わり，クライエント
を同時に 5 軸①臨床疾患，②人格障害と精神遅滞，③一般身体疾患，④心理社会
的および環境的問題，⑤機能の全体評価から評価する「多軸評定法」を採用する
ようになり，診断基準が明確になり，国際的に使用されるようになった。子ども
のうつは，「多軸評定法」により診断が明確になった。

4）誰でもなる可能性がある抑うつ気分が，長期化して抑うつ状態になり，脳が機能
障害の状態にあるのがうつ病である。

2. 問題行動や不登校の現状と子どもが抱える課題

　近年の少子化の状況化で児童生徒の問題行動（暴力行為・いじめ）や不登校
は増加している。子どもの育ちの環境にどのような変化が生じ，どのような影
響を及ぼしているのだろうか。

1）出生数の減少

　出生数の推移をみると，1947〜1949（昭和 22〜24）年（の「第 1 次ベビーブー
ム」期（1949 年約 270 万人）と，1971〜1974（昭和 46〜49）年の「第 2 次ベビー
ブーム」期がみられた後は減少傾向にあり，2016（平成 28）年以降は 100 万人
を下回って推移している。また，合計特殊出生率[1] は，「第 1 次ベビーブーム」
期には 4 を超えていたが，その後，急激に低下し，1955（昭和 30）年頃からは
2 前後で推移していた。第 2 次ベビーブーム期の 1971（昭和 46）年に 2.16 ま
で回復したが，1974（昭和 49）年に 2.05 と人口置換水準[2]（同年 2.11）を下回り，
2005（平成 17）年には 1.26 と過去最低を記録した。翌年以降は緩やかな上昇
傾向にあったが，2016（平成 28）年以降は再び低下し，2019（令和元）年は
1.36 となった。

　合計特殊出生率の低下は，児童生徒の在籍数の減少につながることは言うま
でもない。

　児童生徒の在籍数は，第 2 次ベビーブームに誕生した子どもが小学校に入学
した 1981（昭和 56）年の約 11,925 千人をピークとして，その後急激な下降を
見せ，2023（令和 5）年は，約 6,050 千人となった。また，中学校でも第 2 次

ベビーブーム時期に誕生した子どもが中学校に入学した1986（昭和61）年約6,106千人をピークに急激な下降を示し，2023（令和5）年には約3,178千人となった。

　現在の在籍児童・生徒数は，小・中学校ともピーク時と比べると，ほぼ半分となっている。

注）
1）出生率は，年間の出生数を10月1日現在日本人の人口で割り，1,000をかけて算出されるが，合計特殊出生率は「15歳から49歳までの女性の年齢別出生率を合計したもの」で，1人の女性が，その年齢別出生率で一生の間に生むとしたときの子どもの数に相当するものである。
2）人口が増加も減少もしない均衡した状態となる合計特殊出生率の水準。

2）暴力行為・いじめの変化

　子どもが抱える問題が社会的な変化を見せだしたのは，1970年代前半に公立中学校を中心に発生した校内暴力である。文部省（現：文部科学省）はその対策として，強い管理的生活指導体制（校則など）を敷くこととなった。その結果，校内暴力は沈静化したが，児童生徒が抱える社会的・内的な課題は，不登校や長期欠席，暴力行為などのさまざまな問題として表出されだした。さらに，児童生徒の課題は，生徒間同士の人間関係に影響し，いじめにもつながった。現在，児童生徒の在籍数は減少傾向にある。しかしながら，暴力行為，いじめなどの問題行動や不登校は増加傾向を見せている。

　『児童生徒の問題行動・不登校等生徒指導上の諸問題に関する調査』によると，暴力行為は，小学校では年々増加傾向にあったが，2013（平成25）年度以降急増している。中学校では2013（平成25）年度まで年々増加していたが，それ以降は減少傾向であったが，2021（令和3）年度より増加している。

　小学校の暴力行為は，2013（平成25）年度10,896件で，2022（令和4）年度には約5.6倍の61,455件に大きく増加した。中学校では，2013（平成25）年度40,246件となったが2020（令和2）年度21,293件まで減少を見せたが，2021〜

2022（令和3～4）年度に増加に転じた。2022（令和4）年度には29,699件と連続し増加している。

　中学校の暴力行為が減少したことも影響し，問題行動の低年齢化といわれ始めた。中学校の暴力行為の減少だけで，問題行動が低年齢化したといっていいものなのかは疑問である。問題行動は表出された行動の一つである。減少した暴力行為が他の形で表出しているとすれば，単純に数字の増減だけを見ていては，子どもが抱える問題や困り感にたどり着けないのではないかと思う。

　学校におけるいじめ問題は，1985（昭和60）年頃から「いじめ」自殺事件が多発したことで，マスコミが大きく取り上げ社会問題化した。この頃，「いじめ」についての社会の理解は「いじめられるほうも悪い」「いじめは昔からあった」という考えが強く，「いじめを通して子どもは成長する」などという風潮さえあった。そのため，1986（昭和61）年にいじめを苦に中学生が自らの命を絶ち，裁判にもなったが，いじめと自殺を直結させるべきでないという判断がなされている。当時の文部省（現文部科学省）の定義では「①自分より弱いものに対して，②身体的心理的攻撃を継続的に加え，③相手が深刻な苦痛を感じているものであって，④学校としてその事実を確認しているもの」とあり，いじめられるのは弱いものという認識やいじめかどうかを判断するのは教師側にあるという問題点が見られた。いじめの定義にある「学校としてその事実を確認しているもの」は，1994（平成6）年度の調査から削除された。同年に，いじめによる自殺が1ヵ月に数件も起き，政府を挙げて対応を求められる深刻さとなった。文部省は，いじめ対策緊急会議を発足し，『児童生徒のいじめ等に関するアンケート調査結果』（1996年）を公表，いじめ問題への取り組みを提言した。この時期，子ども権利条約の発効（1994年5月）の影響もあり，社会の認識は，「いじめる方が悪い」「現代のいじめは昔と違う」「いじめは許せない」などの変化を見せた。2007（平成19）年1月，今までのいじめの定義を見直し「一定の人間関係のある者から，心理的・物理的な攻撃を受けたことにより，精神的な苦痛を感じているもの」とし，いじめかどうかは当該児童生徒の立場に立って判断するよう徹底するとした。いじめ防止対策推進法が国会で

表 1.1　暴力行為発生件数・発生率の推移

		小学校 発生件数 （件）	小学校 1,000 人当たりの発生件数 （件）	中学校 発生件数 （件）	中学校 1,000 人当たりの発生件数 （件）
1997 年度	平成 9 年度	1,432	0.2	21,585	5.1
1998 年度	平成 10 年度	1,706	0.2	26,783	6.5
1999 年度	平成 11 年度	1,668	0.2	28,077	7.1
2000 年度	平成 12 年度	1,483	0.2	31,285	8.2
2001 年度	平成 13 年度	1,630	0.2	29,388	7.9
2002 年度	平成 14 年度	1,393	0.2	26,295	7.3
2003 年度	平成 15 年度	1,777	0.2	27,414	7.9
2004 年度	平成 16 年度	2,100	0.3	25,984	7.7
2005 年度	平成 17 年度	2,176	0.3	25,796	7.7
2006 年度	平成 18 年度	3,803	0.5	30,564	8.5
2007 年度	平成 19 年度	5,214	0.7	36,803	10.2
2008 年度	平成 20 年度	6,484	0.9	42,754	11.9
2009 年度	平成 21 年度	7,115	1.0	43,715	12.1
2010 年度	平成 22 年度	7,092	1.0	42,987	12.0
2011 年度	平成 23 年度	7,175	1.0	39,251	10.9
2012 年度	平成 24 年度	8,296	1.2	38,218	10.7
2013 年度	平成 25 年度	10,896	1.6	40,246	11.3
2014 年塵	平成 26 年度	11,472	1.7	35,683	10.1
2015 年度	平成 27 年度	17,078	2.6	33,073	9.5
2016 年度	平成 28 年度	22,841	3.5	30,148	8.8
2017 年度	平成 29 年度	28,315	4.4	28,702	8.5
2018 年度	平成 30 年度	36,536	5.7	29,320	8.9
2019 年度	令和元年度	43,614	6.8	28,518	8.8
2020 年度	令和 2 年度	41,056	6.5	21,293	6.6
2021 年度	令和 3 年度	48,138	7.7	24,450	7.5
2022 年度	令和 4 年度	61,455	9.9	29,699	9.2

出典：文部科学省ウェブサイト「令和 4 年度児童生徒の問題行動・不登校等指導上の諸課題に関する調査結果について」p. 8。

14

表1.2　平成18年度から令和4年度までのいじめの認知学校数・認知件数（国公私立）

			学校総数	認知した学校数	比率	認知件数	認知件数の増▲減率	1校当たり認知件数
			A	B	B/A	C		C/A
			（校）	（校）	（%）	（件）	（%）	（件）
小学校	2006年度	平成18年度	22,878	10,982	48.0	60,897	***	2.7
小学校	2007年度	平成19年度	22,693	8,857	39.0	48,896	▲19.7	2.2
小学校	2008年度	平成20年度	22,476	7,437	33.1	40,807	▲16.5	1.8
小学校	2009年度	平成21年度	22,258	7,043	31.6	34,766	▲14.8	1.6
小学校	2010年度	平成22年度	21,964	7,808	35.5	36,909	6.2	1.7
小学校	2011年度	平成23年度	21,721	6,911	31.8	33,124	▲10.3	1.5
小学校	2012年度	平成24年度	21,460	11,208	52.2	117,384	254.4	5.5
小学校	2013年度	平成25年度	21,131	10,231	48.4	118,748	1.2	5.6
小学校	2014年度	平成26年度	20,852	11,537	55.3	122,734	3.4	5.9
小学校	2015年度	平成27年度	20,601	12,785	62.1	151,692	23.6	7.4
小学校	2016年度	平成28年度	20,335	14,334	70.5	237,256	56.4	11.7
小学校	2017年度	平成29年度	20,143	15,791	78.4	317,121	33.7	15.7
小学校	2018年度	平成30年度	19,974	17,145	85.8	425,844	34.3	21.3
小学校	2019年度	令和元年度	19,832	17,485	88.2	484,545	13.8	24.4
小学校	2020年度	令和2年度	19,651	16,971	86.4	420,897	▲13.1	21.4
小学校	2021年度	令和3年度	19,487	17,163	88.1	500,562	18.9	25.7
小学校	2022年度	令和4年度	19,339	17,420	90.1	551,944	10.3	28.5
中学校	2006年度	平成18年度	11,019	7,829	71.1	51,310	***	4.7
中学校	2007年度	平成19年度	10,987	7,036	64.0	43,505	▲15.2	4.0
中学校	2008年度	平成20年度	10,952	6,230	56.9	36,795	▲15.4	3.4
中学校	2009年度	平成21年度	10,906	5,876	53.9	32,111	▲12.7	2.9
中学校	2010年度	平成22年度	10,845	6,046	55.7	33,323	3.8	3.1
中学校	2011年度	平成23年度	10,800	5,711	52.9	30,749	▲7.7	2.8
中学校	2012年度	平成24年度	10,748	7,636	71.0	63,634	106.9	5.9

中学校	2013 年度	平成 25 年度	10,678	6,999	65.5	55,248	▲ 13.2	5.2
中学校	2014 年度	平成 26 年度	10,608	7,162	67.5	52,971	▲ 4.1	5.0
中学校	2015 年度	平成 27 年度	10,536	7,580	71.9	59,502	12.3	5.6
中学校	2016 年度	平成 28 年度	10,478	8.014	76.5	71,309	19.8	6.8
中学校	2017 年度	平成 29 年度	10,426	8,407	80.6	80,424	12.8	7.7
中学校	2018 年度	平成 30 年度	10,405	8,862	85.2	97,704	21.5	9.4
中学校	2019 年度	令和元年度	10,370	8,945	86.3	106,524	9.0	10.3
中学校	2020 年度	令和 2 年度	10,324	8,485	82.2	80,877	▲ 24.1	7.8
中学校	2021 年度	令和 3 年度	10,283	8,557	83.2	97,937	21.1	9.5
中学校	2022 年度	令和 4 年度	10,247	8,723	85.1	111,404	13.8	10.9

出典：文部科学省ウェブサイト「令和 4 年度児童生徒の問題行動・不登校等指導上の諸課題に関する調査結果について」p. 26。

可決され，2013（平成 25）年に施行された。いじめ防止対策推進法第二条は，「この法律において「いじめ」とは，児童等に対して，当該児童等が在籍する学校に在籍している等，当該児童等と一定の人的関係にある他の児童等が行う心理的又は物理的な影響を与える行為（インターネットを通じて行われるものを含む）であって，当該行為の対象となった児童等が心身の苦痛を感じているものをいう」とある。学校や社会のいじめにおける認識は，子どもの権利条約の発効やいじめ防止対策法によって変化した。

　以上の経緯によって「児童生徒の問題行動・不登校等生徒指導上の諸問題に関する調査」において，いじめにおける統計は，発生件数から認知件数に変わった 2006（平成 18）年度以降増加し，2012（平成 24）年度より認知件数はさらに増加，2022（令和 4）年度では過去最多となった。いじめの認知件数は，小学校は 2012（平成 24）年度 117,384 件であり，2022（令和 4）年度には，約 4.7 倍の 551,944 件となった。中学校では，2012（平成 24）年度 63,634 件であり，2022（令和 4）年度には，約 1.8 倍の 111,404 件となった。

　いじめ防止対策推進法の施行により，いじめ認知の定義が「行為の対象となった児童等が心身の苦痛を感じているもの」に変わり，対象児童生徒を主体

にいじめ行為が認知されるようになったことが大きいといえる。それにより，社会や学校，教員のいじめに対する認識が変わったこと，いじめ行為の対象である児童生徒や保護者が声を上げやすくなったことで，いじめの早期発見，いじめ認知につながっている。

3) 不登校の増加

　現在の不登校という用語が使用されるのは1991年以降で，それ以前は学校恐怖症や登校拒否といわれた時期があった。本章では，学校恐怖症や登校拒否が使われた時期も含め，不登校とする。受験戦争という言葉が使われた1970年代は優等生の息切れとして不登校の理解が始まった。1980年以降，学校に行かないだけで普段は同じであることから，不登校を成熟の準備期間であるとし，成熟を待つための居場所づくりを中心に支援が始まった。しかし，さまざまな対応を駆使しても減少しない不登校に対し，文部科学省の『不登校問題に関する調査研究協力者会議（2003年）』は「子どもを放って置くことで状況は改善しない」として教師らが学校復帰へ向けて働きかけることの重要性を提示した報告書骨子案をまとめた。2016年『不登校児童生徒への支援に関する最終報告：文部科学省』において，支援の目標を「児童生徒が将来的に精神的にも経済的にも自立し，豊かな人生を送れるよう，その社会的自立に向けて支援することである」とし，学校登校が目標ではなく社会的自立を目標とした支援の展開を明らかにした。

　不登校の理解の変遷に伴い，支援目標も変化していった。また，文部科学省では，2007（平成19）年度から「問題を抱える子ども等の自立支援事業」により，不登校などの未然防止，早期発見・早期対応など児童生徒の支援を行うため，教育委員会が設置・運営し，不登校児童生徒の指導・支援を行う教育支援センター（適応指導教室）を活用した取り組みなどを支援している。2017（平成29）年度からは「不登校への対応におけるNPO等の活用に関する実践研究事業において，不登校児童生徒に多様な支援を行うため，NPO等の学校外の機関などに対して，不登校児童生徒の実態に応じた効果的な活動プログラムの

開発などを委託している。また，不登校児童生徒への支援に対する文部科学省の基本的な考え方について，「不登校児童生徒への支援の在り方について」（令和元年10月25日）では，不登校児童生徒への支援は，「学校に登校する」という結果のみを目標にするのではなく，児童生徒が自らの進路を主体的に捉えて，社会的に自立することを目指す必要があること，不登校の時期が休養等の積極的な意味を持つことがある一方で，学業の遅れや進路選択上の不利益等が存在することに留意することとしている。さらに，不登校により学びにアクセスできない子どもたちをゼロにすることを目指した「誰一人取り残されない学びの保障に向けた不登校対策（COCOLOプラン）（令和5年3月）」や「不登校・いじめ緊急対策パッケージ（令和5年10月）」においてさまざまな学びや相談の場を作り出していくこと，一人ひとりに応じた多様な支援を行っていくことを提示した。

　学校及びその設置者が，

① 教室に入れない児童生徒には校内教育支援センターを活用した学習の継続に取り組むこと。

② 学校に登校できない児童生徒には教育支援センターを活用した学習支援等に取り組むこと。

③ 児童生徒の状況により，フリースクールなどの民間施設やNPO等との連携が必要となった場合にあっては，関係機関と連携して在籍児童生徒の心身の健康状況・学習状況等を把握し，必要な支援を行うこと。

④ 不登校児童生徒の保護者が悩みを抱えて孤立せず，適切な情報や支援を得られるよう，スクールカウンセラーやスクールソーシャルワーカーによる保護者への相談支援の実施。

などがある。

　不登校について文部科学省は，「何らかの心理的・情緒的・身体的・あるいは社会的な要因・背景により児童生徒が登校していないあるいはしたくともできない状況にあるため年間30日以上欠席した者のうち，病気や経済的理由によるものを省いたもの」と定義している。『児童生徒の問題行動・不登校等生

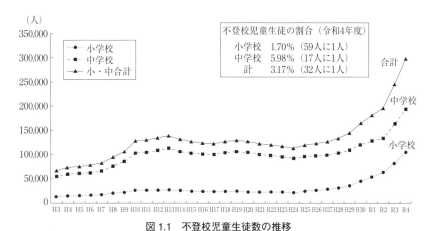

図 1.1　不登校児童生徒数の推移

出典　文部科学省ウェブサイト「令和4年度児童生徒の問題行動・不登校等指導上の諸課
　　　題に関する調査結果について」p. 70。

徒指導上の諸問題に関する調査』において不登校は，小学校・中学生において
1997（平成9）年度に10万人を超え，それ以降増加したが，2008（平成20）年
度には，在籍児童生徒に占める不登校数の割合が低下を見せた。しかし，2013
（平成25）年度には再び増加し，2023（令和4）年度には過去最多といわれる不
登校数となった。小学校では，2013（平成25）年度の不登校数24,175人が，
2023（令和4）年度には約4.3倍強の105,112人となった。中学校は，2013（平
成25）年度の不登校数95,442人が，2023（令和4）年度には約2倍強の193,936
人となった。また，不登校の状態が前年度から継続している（前回調査でも不
登校に計上されていた）児童生徒数は，小学校では41,649人で当年度の不登校
児童の42.3％を占める。中学校は，102,792人で当年度の不登校生徒の53％と
なる。小・中学校とも不登校が長期化した児童生徒が多くいる。

　不登校の要因は，小学校・中学生とも「無気力・不安」が半数を占めている
ほか「生活リズムの乱れ，遊び，非行」「いじめを除く友人関係」「学業不振」
「親子のかかわり方」などの割合が高い。また，発達障害のある児童生徒が
「周囲との人間関係や学習におけるつまずき，学校環境への不適応等をきっか

け」に不登校に至ることも増えている。

　不登校の要因が「無気力・不安」が半数という現状を数値で捉えるだけでなく，『なぜ無気力，不安が生じているのか』が問題である。また，「友人関係」「学業不振」「親子のかかわり方」でどのような状況が生じ，不登校という事象が表出されたのかを明らかにしなければ適切な支援にはつながりにくいと考える。また，発達障害の児童生徒の不登校へのきっかけについても，人間関係や学習のつまずき，学校環境の不適応でどのようなことが生じて不登校を表出したのかを明確にして，配慮や予防的支援を考える必要がある。

4) 発達の課題

　文部科学省『特別支援教育に関する調査の結果について（令和 2〜3 年度）』によると，2020 年，通級による指導を実施した児童生徒数は 16 万 4,693 人。前年より 3 万人近く増加した。ADHD（注意欠如・多動性障害）は 10 年で 6 倍に増えるなど，LD（学習障害），自閉症，情緒障害とされる児童生徒の数も急増している。また，文部科学省が 2002 年より 10 年ごとに実施している「通常学級に在籍する特別な教育的支援を必要とする実態調査」において，2022 年 1〜2 月調査では，通常学級に在籍する小・中学生の 8.8% に，学習面や行動面で著しい困難を示す発達障害の可能性があることが発表された。2022 年の調査結果は，2012 年の調査結果 6.5% を 2.3% 上回った。

　発達に課題がある場合，児童生徒は学習に関する問題だけでなく，学校生活（集団生活）におけるストレスや失敗やつまずきによる気持ちの落ち込みなど精神的な課題が生じやすいと考えられ，配慮ある支援が必要とされる。

5) 児童虐待

　1990（平成 2）年度に児童虐待における相談対応件数を児童相談所がとり始めてから相談対応件数は増加の一途をたどり，大きな社会問題となった。児童虐待相談対応件数は 1999（平成 11）年度には，前年度の約 1.7 倍（11,631 件）となり，その後の増加に歯止めがかからず，2015（平成 27）年度には 10 万件

20

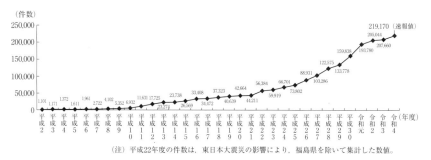

図 1.2　児童虐待における相談対応件数の推移

（注）平成22年度の件数は，東日本大震災の影響により，福島県を除いて集計した数値。

出典：子ども家庭庁ウェブサイト。

を超え 2020（令和 2）年度には，2015（平成 27）年度の 2 倍となる 205,044 件
となり，2022（令和 4）年度には，過去最多の 219,170 件となった。虐待相談
内容別では，身体的虐待，ネグレクト，性的虐待とも件数増加が見られるもの
の，2014（平成 16）年の児童虐待防止法の改正による配偶者間暴力（面前 DV）
が心理的虐待に含まれたことで件数は急激な増加を見せた。2022（令和 4）年
度相談対応内容の割合では，心理的虐待が 59.1％と約 6 割を占めている。

　児童虐待が深刻な人権侵害であることはいうまでもないが，子どもの心身の
成長及び人格の形成に重大な影響を与える。身体的には低身長や低体重など，
知的面では知的発達の遅れが生じるなど，対人面では他者と上手くかかわるこ
とができない，対人距離の取り方がわからないなどが明らかにされている。こ
れらは，子どもの社会性や非認知能力とも関係し，集団生活での適応の困難が
表出される可能性がある。

　学校という集団生活の中での適応に影響してくることは明確であろう。

6）経済問題

　わが国では，8 人に 1 人の子どもが貧困状態にあるといわれている。「子ど
もの貧困」は「相対的貧困[1]」をいう。毎日の衣食住に事欠く「絶対的貧困[2]」
とは異なる。しかしながら，貧困状態にある子どもは，経済的困窮を背景に教
育や体験の機会が低く学力格差（2017 年に公益財団法人日本財団：家庭の経済格

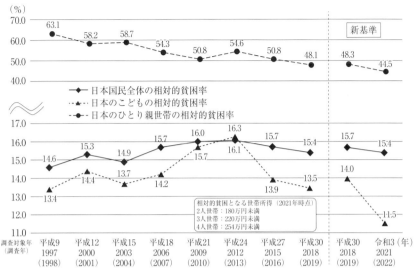

※貧困率は，OECDの作成基準に基づいて算出している。

図 1.3　こどもの貧困率の推移

出典：国民生活基礎調査（厚生労働省）ウェブサイト。

差と子どもの認知・非認知能力格差の関係分析）が見られたり，地域や社会から孤立したりで，子どもは教育現場や地域などで不利になる傾向が見られる。

注）
1) 国民を可処分所得の順に並べ，その真ん中の人の半分以下しか所得がない状態を相対的貧困とし，子どもの貧困とは相対的貧困にある 18 歳未満の子どもの存在及び生活状況となる。
2) 所属する国・地域社会の水準とは無関係に人間として最低限の生活が満たされない状態。
※「新基準」は，2015 年に改定された OECD の所得定義の新たな基準で，従来の可処分所得からさらに「自動車税・軽自動車税・自動車重量税」「企業年金の掛金」及び「仕送り額」を差し引いたもの。

第2章　子どものメンタルヘルスの現状と課題

1. 世界の動向

　ユニセフの基幹報告書『世界子供白書2021』子どもたちのメンタルヘルス（原著 The State Of The World's Children 2021；On My Mind; Promoting, protecting and caring for children's mental health）において、「世界中で、精神疾患（以下、こころの病気）は、子どもや若者の健康や教育、そして彼らが可能性を最大限に発揮することを妨げる大きな要因であり、見て見ぬふりをされがちな苦しみでもある。そして、10〜19歳の若者の13％以上が、世界保健機関（WHO）が定義するこころの病気（うつ、統合失調症、精神病、自閉症などの発達障害など）の診断を受けていると推定されている。人数としては、15〜19歳の若者が8,600万人、10〜14歳の若者が8,000万人に相当する。男女別では、10〜19歳の男子8,900万人、歳の女子7,700万人がこころの病気を抱えて生活していることになるとしている。また、こころの病気と診断されているもののうち、不安やうつが約40％を占め、その他には、注意欠如・多動性障害（ADHD）、行為障害、知的障害、双極性障害、摂食障害、自閉症、統合失調症、パーソナリティ障害などがある　思春期の若者の自殺者数は、年間4万5,800人と推定され、11分に1人以上の割合で発生している。自殺は、10〜19歳の若者にとって5番目に多い死因である。15〜19歳の若者の間では、交通事故、結核、対人暴力に次いで4番目に多い死因であり、それを男女別にみると、女子では3番目、男子では4番目に多い死因とされる。メンタルヘルスは、脳の重要な発達時期と結びついており、身体的・精神的虐待、慢性的なネグレクト、暴力といった、逆境的小児期体験（ACEs）によって引き起こされる有害なストレスなどの要因によって影響を受けることがあるとし、学校や学習環境は、メンタルヘルスを支える機会を提供する一方で、いじめや試験に対する過度なプレッシャーなど、子どもたちをリスクにさらすこともあると述べている。そして、

子どもたちの主要な領域におけるリスク要因の最小化および保護要因の最大化，支援の確保やシステムの強化などの取り組みに対する投資および人材育成することを提案している。

　ユニセフの提言からわが国における子どものメンタルヘルスを考えてみる。医療現場や教育現場の様子から，子どもの精神疾患が増えているように思われるが，実態は把握できない。しかし，厚生労働省が行う『精神疾患を有する総患者数の推移（2018年）』では，外来患者数は年々増加している実態があり，大人だけでなく子どもにおいても増加していることは推測できる。

　また，『児童生徒の問題行動・不登校等生徒指導上の諸問題に関する調査』における長期欠席児童生徒のうち病気による欠席が小・中学校とも増加している。病気欠席とは，本人の心身の故障等（けがを含む）により，入院，通院，自宅療養等のため，長期欠席した児童生徒を計上している。病気による長期欠席は，2015（平成27）年度以降増加傾向にある。小学校の病気による長期欠席は，2015（平成27）年度19,946人であったが，2022（令和4）年度には約1.6倍の31,955人と増加している。中学校では，2015（平成27）年度21,118人だったが，2022（令和4）年度には，小学校と同様に約2倍の43,642人となった。病気欠席イコールこころの健康を崩しているわけではないが，気になるところではある。

　また，厚生労働省による2022（令和4）年度の年齢別死因順位では，10～14歳，15～19歳において男女とも自殺が第1位である。『児童生徒の問題行動・不登校等生徒指導上の諸問題に関する調査』において2022（令和4）年度は小・中学生とも自殺数は過去最多となった。

　海外だけでなく，わが国の子どもの現状には，メンタルヘルスの課題が大きく存在することは否定できない。一方で「なぜ，メンタルヘルスの課題が引き起こされているのか」を明確にすることから，支援の課題を検討しなければ，子どもにおけるメンタルヘルスの現状は改善できないだろうと考える。

2.　メンタルヘルスとは

　WHO（World Health Organization）が健康の定義を「健康とは単に疾病や病弱でないということではなく，身体的，精神的，社会的にも完全で良好な状態：Health is a state of complete physical, mental and social well- being and not merely the absence of disease or infirmity. (1948)」と宣言している。すなわち，精神状態が健やかであることが，健康に欠かすことのできない条件である。近年は，子どもの生活習慣においても「からだの健康」と「こころの健康」の関連から論じられることが増えてきた（『子どものからだと心　白書2011』）。

　メンタルヘルスは，精神的健康の回復・保持・増進を総称する言葉である。それは，心理的ストレスやこころの悩み，虐待や家庭内暴力，発達障害や精神障害・疾患など健康な精神活動を阻害する問題の解決や予防，治療に及ぶ広範囲の事柄をいう。すなわち，学校メンタルヘルスでは，①子どもの抱える問題の改善や解決によって精神的な健康を回復すること，②メンタルヘルスを理解し，精神的不健康に至らないよう予防すること，③精神的不健康の早期発見を行い，場合により治療につなぐということになる。

　先述したように学校現場では，不登校，いじめ問題，暴力行為，自殺，摂食障害，リストカットなどが問題となっている。これらの問題は，子どもたちが表出する事象であって，事象には必ず背景がある。背景となるこころの健康に関しては，それぞれの子どもによって抱える問題が異なる。例えば，その背景が環境のストレスや家族・対人関係という心理社会的要因もあれば，子ども自身が持つ発達の課題や精神的素質・疾患などによる生物的要因・医学的要因の場合もある。さらに，要因が一つに限定されるのではなく，さまざまな要因が絡み合っていることも多くみられることから，それぞれの子どもの立場で理解することが必要である。

3. メンタルヘルスの要因

　教育現場の生徒指導・教育相談上の問題背景となる子どもの環境，家族や対人関係，子ども自身の発達課題と疾患について，心理社会的要因と生物学的要因・医学的要因から整理する（図2.1）。

1）心理社会的要因

　心理社会的要因には，虐待，DV，保護者の精神不安などによる家庭環境のストレスやいじめ，友人（対人）関係の摩擦による学校環境のストレスや，震

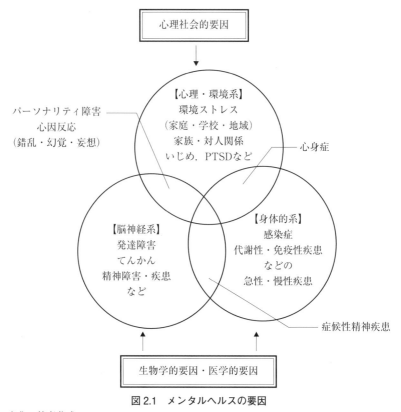

図2.1　メンタルヘルスの要因

出典：筆者作成

災や事故などによる心的外傷後ストレス障害（PTSD：Post Traumatic Stress Disorder）などがある。心理社会的要因の環境問題には，家庭環境・学校環境・地域環境があり，その根底に，家庭や家族の貧困，虐待，ひとり親，ステップファミリー，子育て不安，障害，過保護，過干渉，過期待，過許可などと，学校や地域における孤立，ストレスなどが複合的に絡み合うことが多い。

2）生物学的要因・医学的要因

　生物学的要因・医学的要因は，脳神経に関係する機能性精神疾患・器質性精神疾患・発達障害と身体疾患によって精神的症状があらわれるものがある。

　機能性精神疾患には，統合失調症，うつ病，双極性障害（躁うつ病）がある。統合失調症は，環境因やストレスが発症に影響しやすく，うつ病や双極性障害はストレスとなる出来事や状況が関連していることが多く，受験のストレスや対人関係の問題が引き金となり，発症する事例もある（古荘2006；齊藤2009）。また，近年10代の子どもたちの間で広がりを見せている薬物，覚せい剤，シンナーなどは，機能性精神疾患に似た精神症状がある。器質性精神疾患は頭部外傷やてんかん等で脳に病変をきたすものをいう。

　発達障害では，就学以前からある子どもの特性が学童期になって現れやすい。自閉スペクトラム症（ASD：Autistic Spectrum Disorders），注意欠如・多動性障害（ADHD：Attention Deficit Hyperactivity Disorder），学習障害，精神遅滞，行為障害，チック障害などがある。発達障害は，機能性精神疾患や器質性精神疾患とは異なる脳発達の障害である。生徒指導・教育相談上の問題では，生物学的要因・医学的要因と心理社会的要因が絡み，子どもの学校生活に困難を生じていることがある。

4．学校におけるメンタルヘルスの状況

1）メンタルヘルスを支える学校保健安全法とマンパワー

　2009年4月，多様化・深刻化する子どもの健康問題に対応するために「学校保健安全法」が施行された。この法律は，戦後の学校保健法の改正により，

新たな名前の法律として誕生した。旧法の学校保健法と大きく変わった点は，①学校の設置者並びに国及び地方公共団体の責務の明記，②児童生徒の心身の健康に関する健康相談，③養護教諭を中心に関係職員等が連携した組織的な保健指導，④地域医療機関との連携による保健管理等の充実が規定されたことである。本来，学校における健康の捉え方は，身体面の健康にあった。それは，明治時代の学校衛生の時代から引き継がれたものである。もちろんその時代には，生活環境や身体的な発育が社会の問題であった。しかし，現在の子どもの健康問題は，身体的な健康だけでなく，こころの健康も重要視されるところである。法改正では，養護教諭の役割を明確化し，学校内の組織体制の充実と地域との連携を盛り込み，学校メンタルヘルスの重要性に着目したものであるといえる。

　子どもの心身の健康を支えているマンパワーは多く，学校関係においては養護教諭を中心に，管理職，保健主事，一般教師，栄養教諭，学校医，薬剤師，スクールカウンセラー，スクールソーシャルワーカーなどであり，さらに，学校と連携する地域の医療機関や保健所，市町村，児童相談所，ボランティアなどが組織的に支援に関わる。

2）メンタルヘルスと保健室

　学校におけるメンタルヘルスの状況を概観するには，メンタルヘルスにおいて中核の場となる保健室の状況を把握することが必要であると思われる。日本学校保健委員会の「保健室利用状況に関する調査報告　2016（平成28）年度調査結果」によると，1校あたりの1日平均利用者数は，小学校22.0人，中学校19.0人である。保健室利用者は，小学校・中学校とも学年が上がるにつれ増加傾向にある。また，女子が男子よりも多く利用していた。そして，小学校・中学校とも金曜日の利用者が最も多かった。

　来室した児童生徒の主な背景要因については，小学校・中学校ともに「主に心に関する問題」「主に体に関する問題」「主に家庭・生活環境に関する問題」の順であった（図2.2）。背景要因の具体的問題（図2.3）では，小学校では，「友

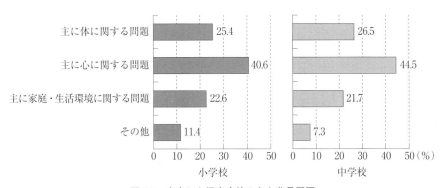

図 2.2　来室した児童生徒の主な背景要因

出典：保健室利用状況に関する調査報告（平成 28 年度調査結果）p. 34。

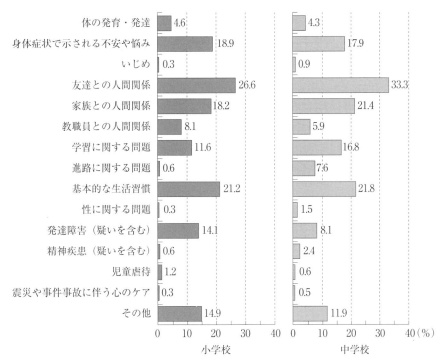

図 2.3　背景要因の具体的問題

出典：保健室利用状況に関する調査報告（平成 28 年度調査結果）p. 35。

達との人間関係」26.6%，「基本的な生活習慣」21.2%，「身体症状で示される不安や悩み」18.9%，「家族との人間関係」18.2%の順に高かった。中学校では，「友達との人間関係」33.3%，「基本的な生活習慣」21.8%，「家族との人間関係」21.4%，「身体症状で示される不安や悩み」17.9%の順であった。小学校・中学校とも「友達との人間関係」だけでなく人間関係に問題を抱えている。また，校種によって背景要因の具体的問題の順は入れ替わるものの同じ問題を抱えていることがわかる。「発達障害に関する問題」「児童虐待に関する問題」は，前回調査の2011（平成23）年度より高くなっている。

　保健室の現状から，メンタルヘルスが健康問題の中で大きな位置を占めていることがわかる。さらに，過去の2011年度と2016年度の比較から，小学校・中学校におけるメンタルヘルス問題の増加傾向やメンタルヘルス問題が低年齢化していることから，学校におけるメンタルヘルスに対するニーズの高まりを読み取ることができる。また，小学校・中学校の子どもの発達段階におけるメンタルヘルスの課題があることも重要な点である。

第3章 子どものうつ

1. 子どものうつの存在

　近年，子どものうつ病の存在が明らかになり，児童精神医学界だけでなく関心が高まるところとなっている。子どものうつ病は，1980年以前はまれな病気として考えられていた。しかし，アメリカの精神医学学会が定めた，精神障害の診断と統計の手引DSM-Ⅲ（Diagnostic and Statistical Mental Disorders-Ⅲ：1980）によって，操作的診断基準が用いられるようになると，大人と同じ抑うつ症状をもつ子どもの存在が注目されるようになり，疫学調査などによって，認識されていたより多く子どものうつ病が存在することが明らかになった。

　子どものうつ病は，大人のうつ病と同じく増加傾向にある。欧米の疫学研究では一般人口における子どものうつ病の有病率は，児童期（12歳以下）0.5〜2.5％，青年期（17歳以下）2.0〜8.0％と報告されている（Harrington 1994）。わが国の研究でも，小児の1〜5％程度と推測され，年齢が上がるごとに増加傾向にある（村田ら1993；傳田2004）と報告している。

　さらに，子どものうつは，従来考えてこられたほど楽観はできず，うつ症状によって対人関係や社会生活に支障をきたすことが考えられ，QOL（Quality of Life：生活の質）の低下を招いている。

2. 子どものうつ病

1) 抑うつ状態

　「憂うつ」「気分が落ち込む」などのうつ気分は，だれもが体験するものであり，病的な心理状態ではなく，通常，うつ気分は1日中または何週間も続くものではない。しかし，強いうつ気分が長く続くことに加え，意欲の低下や活動性の減少，不眠などの身体症状のために，日常生活に大きな支障が生じることがある。そのような状態を抑うつ状態と呼ぶ。

図 3.1　子どもの抑うつ状態のメカニズム

出典：古荘純一（2006）『新小児精神神経学』より筆者一部改変。

　例えば，事故や災害などで最愛の家族や自宅を失ったりすることで，何カ月もの間深い悲しみが続き，仕事に手がつかなかったり，学業に身が入らない場合などは，抑うつ状態という。また，不安やうつ気分が始まり，夜も眠れなくなり，食欲もなくなり疲労感のために1日中何もせずに寝ている状態が続くことも抑うつ状態といえる。

2）子どもの抑うつ状態の進行

　子どもの場合，抑うつ状態は何が要因として起きてくるのだろうか。抑うつ状態のメカニズムを明確にするため，古荘（2006）の理論を用いる。古荘は，重要と考えられる領域での失敗や不適応，重要な他者からの評価や支持がないことから，自尊感情が低下し，落ち込んだ感情が生じ，抑うつ状態になると論じる（図3.1）。古荘の理論から子どもの抑うつの状態の発症を考えると，子どもは大切な人の前や期待される人の前で失敗したりすることで自信喪失や挫折感を抱くことに加え，自分が大切に感じている親や教師，友達などから認められないことや支えられていないと感じることが発症の基盤にある。これは，行動の結果と環境（居場所）の安定の方向性で捉えた理論であり，支援の視点にもつながると考えられる。

　日本の子どもは，他国と比べ，一般的に10歳ごろから自己評価が低下し，

抑うつ的傾向が強い可能性が考えられるという。10歳という好発年齢については鍋田（2010）も，10歳前後より本格的なうつ病が稀ならず発症し，徐々に増加すると述べている。

3) 子どものうつ病の発症要因

　うつ病は，さまざまな要因が複雑に関連して生じていると考えられている。その要因は，生物学的要因，心理的要因，社会的要因の3つに分けられる。

　生物学的要因には，神経伝達物質の働きから生化学・薬理学研究が，家系研究，双生児研究による遺伝学的研究など多方面から発症解明のアプローチが盛んにされている。

　心理的要因については，病前性格で捉えられる部分があり，下田（1941）が，「執着性格」をあげ，几帳面，真面目，正直，凝り性，強い正義感，責任感，勤勉，良心的，秩序を重んじる，義理がたい，他人への配慮を怠らない，人と争わないなどとしている。しかし，最近ではうつ病の病前性格はない可能性もあると指摘する論もあるが，傳田（2002）は，臨床の場では，執着性格が存在すると考えていることも事実だという。病前性格については，今後の研究が期待されるところである。

　社会的要因については，子どもを取り巻く社会環境の変化，核家族化，少子化，情報化社会，地域共同体の解体，人間関係の複雑化によるストレスが論じられている（中根2002：松本2005，鍋田2007）。

　ここで，社会的要因について，子どもと社会環境の変化に焦点化して考察をしてみる。わが国の社会・経済環境は急激に変化し，高度経済成長に伴う都市化は大量の核家族を作り上げ，産業社会の資本主義化によって効率主義や競争主義が進み，地域の共同体としての機能を崩壊させた。社会構造が変化したことで，価値観も大きく変化している。また，バブルがはじけて以来，不況は続き，さらにリーマンショックの影響で，経済的に不安定な状況となり，失業者や非正規雇用を増大させた。そして，現在の社会構造は，複雑な対人関係からストレスを増加させることなった。この社会構造の変化は，子どもが一番影響

を受ける家庭環境に変化をもたらした。女性の社会進出や核家族化，少子化，共働き，離婚の増加などによって家族形態が変化した。本来子どもの育ちには，父親と母親の機能が相補ってかかわっていくのであるが，どちらかが優位であったり，親の機能に低下があったりして，子どもの育ちに影響し問題となることがある。さらに，核家族化，地域共同体の崩壊による育児や家庭教育伝承の衰退，地域とのつながりの希薄化など，家庭環境の変化は児童虐待とも無関係ではないと考えられる。社会構造の変化や家庭環境の変化は，学校教育にも大きな変化を与えている。高度経済成長とともに，社会の風潮は学歴主義志向となり進学的価値を高めることになった。また，核家族の増加により子どもの社会化形成への価値観は父母の価値観によって決定されることになり，子どもの競争意識だけが高められるなど，ストレスを抱える子どもたちが増えだした（周防 2007）。

　子どものうつ病については大人のうつ病と同様に，これらの生物学的，心理的，社会的要因が絡み合って発症していると考えられている。

4）子どものうつ病

　米国精神学会の操作的診断基準 DSM-5（Diagnostic and Statistical Mental Disorders-5 〔2013〕）において児童思春期のうつ病は，DSM-Ⅳ（Diagnostic and Statistical Mental Disorders-Ⅳ〔1994〕）と同じく成人と同一の診断基準が用いられている。

児童思春期のうつ病の主症状として
①抑うつ気分（易怒的な気分でもよい），②興味・喜びの喪失
副症状として
③食欲障害，体重減少（期待される体重増加が見られない），④睡眠障害，⑤精神運動性焦燥または制止，⑥易疲労性・気力減退，⑦無価値感，罪責感，⑧思考力・集中力の減退，⑨自殺念慮，自殺企図となっている。
これらの症状のうち，主症状の抑うつ気分（易怒的な気分でもよい）もしくは

興味・喜びの喪失のどちらかを含む，5つ以上の症状が2週間以上ほとんど1日中かつ毎日見られ，学校や家庭での機能障害が明らかであることとなる。

　学校現場の子どもの様子としては，「何をやっても楽しくない」「興味を持っていたものが面白くなくなった」「なにもやりたくない」「気力がわかない」「何も頭に入らない」「考えようとしても考えられない」などと訴えることが多い。

　また，ありふれた言葉で抑うつを表現する子どももいる。例えば，疲労感を表す言葉として「疲れた」「だるい」，集中困難を表す言葉として「いらいらする」「むかつく」，興味の減退として「別に」「どっちでもよい」，気力の低下を表す言葉では「どうせ」などがある。また，「めんどくさい」という言葉は，疲労感，興味の減退，気力低下，自信がない時，困った場面などさまざまな状況で表出されている。これらの言葉は，近年，子どもたちからよく聞かれる言葉であって，周囲の大人からすると，不適切な言葉として捉えられるものの，子どもの抑うつが関係する言葉としては捉えられていることは少ないと思われる。子どもの抑うつ傾向を早期にキャッチするための子どもの表現として，子どもの周囲にいる学校関係者や家族に知ってほしいところである。

5）子どものうつと発達障害などの併存

　子どものうつ発症では，発達障害，行動障害のほか家族関係，対人関係などが影響を受けやすいといわれている。

　児童期うつ病では，破壊的行動障害，注意欠如・多動性障害（ADHD），不安障害が併存しやすく，青年期うつ病では破壊的行動障害，ADHD，不安障害，物質関連障害，摂食障害が併存しやすい（American Psychiatric Association 2000）と報告されている。また，児童・青年期のうつ病は併存疾患の後に発症することが多いとされる。

3. 子どものうつと QOL

1) 子どもの QOL

　QOL は，「生活の質」「生存の質」などと訳され，保健・医療・福祉の領域でよく使われる概念である。QOL の概念が急速に広がりだしたのは，WHO が健康の定義を宣言したことからである。この健康な状態が，well-being であり，QOL の到達目標となっている。その後，QOL の概念は 1980 年初頭から，欧米を中心に保健・医療・福祉の領域で導入されるも，QOL の概念は明確に定義されることはなかった。1990 年 WHO は QOL を『個人が生活する文化や価値観の中で，目標や期待，基準及び関心に関わる自分自身の人生の状況についての認識』と定義した。

　これらの概念から，具体的に QOL を考えると，QOL は二方向から捉えることができる。一つは，生活した結果の満足度や充実度，もう一つは生活している時点の状況すなわち環境を評価するということになる。それゆえに，QOL は，その人の生活にかかわる多くの要素を含んだ概念となる。

　例えば，子どもの場合は学校が楽しい，友達がたくさんいる，教師とよく話す，父母とよく話す，父母の関係がよい，給食や食事が楽しい，よく眠れる，ご飯がたくさん食べられる，スポーツができる，友達といっぱい遊ぶなど，その子どもの生活にかかわるすべてのことを含んだ概念となる。すなわち，子どものおかれている家庭・学校・地域の環境や状況（結果）のよさが子どもの QOL ということになるだろう。

2) 子どものうつと QOL

　子どもがうつになると，不眠や食欲不振などの体の不調，遊びや勉強の気力がなくなる，疲れる，自分は価値のない人間，駄目な人間だと思うようになるなど，うつ症状によって，子どもの生活にかかわるところに変化が起き，生活する，生きている結果の満足度や充実度が低下する。環境面においても，うつ症状が出現することから生活環境に不調和（適応し辛さ）を起こしてしまう。

すなわち，子どもが抑うつ状態になると，当然のことながら，QOL が低下することになる。

　また，調査研究によって子どものうつと QOL の関係を明らかにしている先行研究がある。古荘（2009）は，DSRS-C[1] と日本語版の QOL 尺度 [2] を用いた調査を中学生に行い，DSRS-C の得点と QOL 尺度の得点に強い負の相関関係が見られ，抑うつが高いほど QOL の低下がみられると実証報告している。

　子どもの抑うつ状態は，子どもの QOL の低下を招く大きな問題として，学校においては子どもの不適応な表現が，対人関係や学習，社会性などにおいて支障を生じ，QOL の低下となっていることは疑わずにはいられない状況である。

注）
1) DSRS-C（Depression Self Rating Scale for Children：Birleson 1981）は，子ども自身によって記入する自己記入式抑うつ評価尺度であり，①楽しみにしていることがたくさんある，②とてもよく眠れる，③泣きたいような気がする，④遊びに出かけるのが好きだ，⑤逃げ出したいような気がする，⑥おなかが痛くなるようなことがある，⑦元気いっぱいだ，⑧食事が楽しい，⑨いじめられても自分で「やめて」と言える，⑩生きていても仕方がないと思う，⑪やろうと思ったことがうまくできる，⑫いつものように何をしても楽しい，⑬家族と話すのが好きだ，⑭こわい夢を見る，⑮一人ぼっちの気がする，⑯落ち込んでいてもすぐに元気になれる，⑰とても悲しい気がする，⑱とてもたいくつな気がする，の 18 項目からなる。各項目を「いつもそうだ」「ときどきそうだ」「そんなことはない」の 3 段階で回答する。
2) 日本語版 QOL 尺度は，「Kid-KINDL」（Ravens & Bullinger 1998）を，古荘純一らが翻訳し作成したもので，「身体的健康度」「情緒的 well-being」「自尊感情」「家族」「友だち」「学校」の 6 領域についてそれぞれに 4 項目の質問をする。6 つの下位領域が 0～100 点に変換され，同様に総得点も 0～100 点に配点され，高い得点のものが，より高い QOL を示すことになる。小学生版と中学生版がある。

第4章 わが国における子どものうつに関する研究

　児童精神科領域では，大人と同じように，子どもに抑うつと不安の病態が増え，行動面では，不登校やひきこもり，多動などの問題を示すことが報告され，子どもの行動を抑うつの視点から検討することが必要だと指摘している（村田ら1989：傳田2002）。しかしながら，研究は子どもの抑うつの実態把握であり，子どもの中にどの程度の割合で抑うつが見られ，どのような状態なのかを検討することにとどまっている。子どもの示す行動にうつとの関係が疑われるという見方があるとすれば，その関係性を明らかにすることが必要であり，それを解明することで，うつや行動への支援の方向が見えてくると思われる。ここでは，うつの発症に，生物学的要因・心理的要因・社会的要因が絡み合うことを考慮し，日本における子どものうつにおける研究に焦点化し検討する。

1. 子どもにうつが存在

　子どものうつの診断は，アメリカの精神医学学会が定めた，精神障害の診断と統計の手引き（DSM：Diagnostic and Statistical Mental Disorders（1952））によって行われる。しかし，DSMが発表されたころは，児童期・青年期のうつはまれな病気であると考えられていた。そのため，医学領域では，子どものうつに関する研究は何人かの症例報告にとどまっている。その当時，子どものうつについて南沢（1955）が，6人の患者を対象とした事例を報告している。論中には「症状と経過を述べてうつの理解を深めることに寄与したい」とある。当時の子どものうつに対する医学領域の認識の様子を垣間見ることができる。その後も，南沢（1957）は，幼稚園児の事例を報告している。先の研究と同じように事例報告であるが，一つ違うところがある。それは，論中に子どもの家庭環境を記載していることである。子どものうつと家庭環境に何らかの関係があることを意識していることが窺える。

　新福ら（1971）は，「小児のデプレッション」において，「小児に成人なみの

精神障害が起こりうるということについては，もはや異論の余地はない。」とし，「うつの報告も研究も少なく，実際以下に過少評価されている傾きさえあり，その存在すら否定する者がある」と記述している。この時代は子どものうつの認識が医学領域でも低く，子どもの行動に変化が生じることから異常な状況として考えられていたことが文献から見受けられる。南沢の研究報告から20年以上を経ても，子どものうつに関する研究の内容は事例報告であり，大井（1978）は，50人の患者について事例報告をしている。事例報告で注目すべきは，事例件数である。子どものうつの認識が乏しい時代ではあったが，子どものうつにおいての認識に変化の兆しが見え始めた時期である。さらに，事例報告に変化が見られたのが，大井の報告の中に，子どもの家庭環境が詳しく語られていることである。子どものうつの研究において，子どもと家庭環境との関係が考えられるようになったことの意義は大きい。

　子どものうつ研究の始まりは，患者の事例を通して子どものうつ症状を報告する内容のものであった。この時期は，子どものうつは，「まれな病気」とされたことで研究の進展を拒み，子どもの状況を理解したものには結びつきにくかった。この状態が1980年ごろまで続いたと考えられる。

2.　子どものうつに対する認識

　1980年以降，海外ではDSM-Ⅲの診断基準が用いられるようになると，大人と同じ抑うつ症状をもつ子どもの存在が明らかになり，子どものうつ病に関する研究が進んでいた。わが国でも，子どものうつの認識を高めていた村田ら（1988）が，クリニックでの5年間（1983～1987）の18歳以下の初診患者861人のうち抑うつ状態の児童は106名，12.3％と報告している。さらに，村田ら（1988）は，福岡大学精神科の18歳以下の初診患者1,095人のうち抑うつ状態の児童は37名，3.4％であると報告している。同研究者による疫学調査であるが，研究結果に大きな差があり，年齢，性別などの要素が考慮されていなかった可能性が考えられる。事例報告とは違った方向から，子どものうつの存在を実証しようと試みているが，子どものうつの存在を意識づけることにはつなが

りにくい時期であったと考えられる。

　その頃、海外では、児童精神科を受診する子どもに、抑うつ状態を示し、児童期のうつ病と診断される事例が増えていたことから、一般の子どもたち、すなわち学校に通う小学生や中学生を対象とした疫学調査の必要性が求められ、さまざまな児童・思春期の抑うつ状態の自己評価尺度が作成されていた。

　1990年代に入ると、臨床での疫学研究を繰り返してきた村田ら（1991）が、海外で用いられていた抑うつの評価尺度のCDRS-R[1]とCDI[2]の日本語版を作成し、児童・思春期の抑うつ状態を明らかにする研究に着手した。研究は、抑うつ群として男児15例、女児15例の計30例、非抑うつ群男児15例、女児15例の30例を対象として、CDRS-RとCDIを用いた調査によって、両群の得点比較を行っている。さらに、保護者に子どもの気質や体質、性格などについての調査や医師がライフイベントについて聞き取りを行うことによって、抑うつ状態の子どもの成因追求が行われた。村田らの研究は、事例報告が主流であった子どものうつ研究にとって画期的な研究の幕開けとなった。しかし、この研究段階では抑うつ群と非抑うつ群の選定に問題点が多く、対象の基準や年齢、性別の構成が問われるものであった。

　村田ら（1992）はCDIの妥当性について調査をするために、小学3年生33名、4年生80名、6年生86名、中学1年生96名を対象にCDIを用いた調査を行い、CDIが妥当性と信頼性がある子どものうつ病自己評価表であることを検証している。さらに、小学生466人、中学生1,164人を対象にCDIと自己認識の質問を用いた調査を実施し、子どもの抑うつと自己価値について検討している。研究の結果、欧米の子どもより、日本の子どものCDIの平均得点が高く、自己価値は低いと報告している。では、抑うつ状態を示し、自己価値を下げた子どもはどのような様子を見せるのであろうか。抑うつと自己価値の関連について研究報告されているが、それが子どもの状態にどのように表れているのかが明確にされていないところに課題が残る。子どもの状態がどのようなものなのかを明らかにしなければ、その後の研究の方向が見えてこないと考える。

　また，石坂ら（1991）によって，CDI の妥当性について研究がされている。中学生 2,241 人を対象に CDI 調査を実施したところ，村田らと同様に，欧米の報告する合計得点より日本の子どもの平均得点が高く，自己価値が低いと述べている。石坂らは，結果について CDI の合計得点が高いからと言って，日本の子どもにうつが多いわけではなく，自己価値が低いから CDI の合計得点が高いと説明する。確かに，CDI は自己評価に関する項目が多く，抑うつ状態が見られなくても，自己評価が低い場合は，合計得点が高く出る可能性があると考えられる。石坂らの研究目的は，CDI がわが国の子どもに使用が可能かどうかの検討だといい，調査結果はそのことに触れている。しかし，CDI の妥当性を検証しなければ，日本の子どもたちのうつの評価尺度として使用することに問題があるとする考えは重要であった。

　さらに，村田（1998）は，児童精神科外来を受診する子どもは一部の子どもであって，心身症状を呈していても医療機関を受診するのはきわめてまれであり，苦しみながら学校に通っている子どもたちの中に，どの程度抑うつ傾向が見られるか明らかにする必要性を提唱した。そして，自己評価尺度の CDI と自らが作成した DSRS-C の日本語版（表 4.1）を用いて，小・中学生 1,584 人を対象に抑うつ状態の実態調査を行った。結果は，前回（1992）と同様に得点平均が高く，自己評価が低い結果となり，小学生で全体の 13.3％，中学生で全体の 21.9％が抑うつ状態を示した。CDI の質問の特性は，自己評価，自己概念，自己意識の項目が多く，日本の子どもたちの自己評価や自己概念，自己意識がそのまま反映されているように思われる。さらに，DSRS-C を用いた調査を，小学生 395 人を対象に実施している。調査の結果，抑うつ状態の子どもは全体の 9.6％（38 人）であったことを報告し，DSRS-C の信頼性と妥当性を検討し確認している。

　1990 年以降，村田の研究によって子どものうつに関する研究は大きく動くこととなった。村田の子どものうつに対する認識の高さは，今まで臨床現場を研究の場としていた疫学研究が，一般小学生や中学生を対象とした実証研究に広がり展開していった。村田の研究は，日本の子どもの中にうつが存在するこ

表 4.1　DSRS-C（Birleson Depression Self-rating Scale for Children）

私たちは，楽しい日ばかりではなく，ちょっとさみしい日も，楽しくない日もあります。
みなさんが，この1週間，どんな気持ちだったか当てはまるものに○をつけてください。
良い答え，悪い答えはありません。　思ったとおりに答えてください。

| | 年　　組　　番　男・女 | | |
	いつも そうだ	ときどき そうだ	そんなこと はない
1.　楽しみにしていることがたくさんある。	（　　　）	（　　　）	（　　　）
2.　とてもよく眠れる。	（　　　）	（　　　）	（　　　）
3.　なきたいような気がする。	（　　　）	（　　　）	（　　　）
4.　遊びに出かけるのが好きだ。	（　　　）	（　　　）	（　　　）
5.　逃げだしたいような気がする。	（　　　）	（　　　）	（　　　）
6.　おなかがいたくなるようなことがある。	（　　　）	（　　　）	（　　　）
7.　元気いっぱいだ。	（　　　）	（　　　）	（　　　）
8.　食事が楽しい。	（　　　）	（　　　）	（　　　）
9.　いじめられても自分で「やめて」と言える。	（　　　）	（　　　）	（　　　）
10.　生きていても仕方がないと思う。	（　　　）	（　　　）	（　　　）
11.　やろうと思ったことがうまくできる。	（　　　）	（　　　）	（　　　）
12.　いつものように何をしても楽しい。	（　　　）	（　　　）	（　　　）
13.　かぞくと話すのが好きだ。	（　　　）	（　　　）	（　　　）
14.　こわい夢を見る。	（　　　）	（　　　）	（　　　）
15.　ひとりぼっちの気がする。	（　　　）	（　　　）	（　　　）
16.　おちこんでいてもすぐに元気になれる。	（　　　）	（　　　）	（　　　）
17.　とてもかなしい気がする。	（　　　）	（　　　）	（　　　）
18.　とてもたいくつな気がする。	（　　　）	（　　　）	（　　　）

出典：村田豊久作成（1991 年）。

とへの認識を高めることに大きく貢献し，子どものうつに関する研究を発展さ
せる火付け役となったといっても過言ではない。村田が作成した日本語版の
DSRS-C は，医学領域だけでなく他領域の研究者が使用しやすく，教育領域
や心理領域の子どものうつ研究の関心を引き出すきっかけとなった。現在，

DSRS-C は，子どものうつ評価尺度として最も多く活用されている。うつの自己評価尺度は，日本の子どもの育ちや環境を配慮したものが使用されなければならない。うつの自己評価尺度は，子どものうつの評価軸となるものであり，今後の社会状況や子どもの生活環境の変化を考慮しながら，信頼性を高めていく必要があると考える。

注）
1）CDRS-R は，Children's Depression Rating Social-Revised の略で，6〜12 歳の小児の抑うつ症状を評価する評価尺度。これは，1984 年に小児の抑うつ症状の重症度を評価するために 1996 年に Poznanski らによって開発された Children's Depression Rating Social（CDRS）の改訂版である。
2）CDI は，Children's Depression Inventory（Kovacs 1985）の略である。CDI は，世界で最も頻繁に用いられている子ども用の抑うつ尺度である。もともとは 1961 年に Becket らによって Beck Depression Inventory（BDI）の子ども版として開発された。

3．子どものうつ研究の進展

1）医学領域における子どもの抑うつ状態の検証

　今世紀に入ると，村田の研究報告から子どものうつの認識を高めた医学領域の研究者や臨床家が，海外の研究を文献研究した。その中で，傳田（2002）は，子どものうつは，従来考えられたように楽観できず，対人関係や社会生活における障害が持ち越されると感じていた。そして，一般人口を対象とした研究をしなければ，児童精神科医の認識を高めることができず，子どもが示す精神症状や問題行動（表 4.2）を抑うつという視点から検討することが不十分だと考え，実際の学校現場での実態把握調査に乗り出した。

　傳田ら（2004）は，北海道内の小学 1 年生から中学 3 年生までの合計 20,486 人を対象に DSRS-C を用いて調査を行った。調査方法は，小・中学校 56 校に調査票と説明文章を送り，児童・生徒に配布を依頼し，調査票の記入は各家庭で行われた。実施期間は 2003 年 10 月から 12 月の期間に実施された。調査票の返信があったのは 3,378 人（16.5％）であった。回収は小学校 2,175 人，中学

表 4.2　うつ病の診断基準（DSM-IV）傳田らが研究した 2002 年当時の診断基準
＊以下のうち 5 つ以上が 2 週間以上持続し，少なくても 1 つは A 群の症状

A 群	1. 抑うつ気分
	子ども・思春期はイライラ感でもよい
	2. 興味・喜びの減退
B 群	3. 食欲不振，体重減少（時に過食）
	子どもは，予測される体重増加がない場合でもよい
	4. 不眠（時に過眠）
	5. 精神運動性の焦燥，または静止
	6. 易疲労感，気力減退
	7. 無価値観，過剰な罪悪感
	8. 思考力，集中力減退，決断困難
	9. 自殺念慮，自殺企図

出典：DSM-IV より作成。

校 1,156 人で，抑うつ状態を示す子どもは，全体の 434 人（13.0％），小学校は 170 人（7.8％），中学校は 264 人（22.8％）であった。傳田らの研究は，客観的評価の方法を用いた大規模調査であり，評価されるところである。

　村田らの研究は，大規模調査とはなったものの回収率 16.5％となった。さらに，調査票が家庭で記入されていることから，親のバイアスがかかった回答になっている可能性を拭い去ることはできない。回収率について村田は「何らかの問題を抱えている対象者ほど調査に協力している可能性が高く調査に協力するというバイアスがかかる可能性がある」と，述べている。また，傳田らが調査を実施した地域は広範囲であること，さらに調査期間に幅があることから，条件を設定した調査結果となったかが疑問であるものの，傳田らの研究は，子どものうつの存在を報告するものであり，医学領域だけでなく広く一般の子どものうつへの認識に影響したといえる。

　その後，傳田（2006）は，2003 年の調査結果や臨床研究からから，子どもの児童・青年期のうつ病性障害の臨床的特徴を述べている。1）児童・青年期のうつは決して希な病態でなく，児童期では 0.5〜2.5％，青年期では 2.0〜8.0％である。2）基本的には成人のうつ病と同じ症状（興味・喜びの減退，気力低下，

集中力減退，睡眠障害，食欲障害，易疲労感など）が出現する。3）大人と比較すると，社会的ひきこもり（不登校など），身体愁訴（頭痛・腹痛など），イライラ感などが特徴的である。4）児童・青年期では抑うつ気分は表現しにくい。5）不安障害（社会恐怖，強迫性障害，パニック障害），摂食障害，行為障害，注意欠陥多動性障害（論文表現のまま引用）などに合併して出現することが多い。6）成人と同じように，大うつ病性障害，気分変調障害，小うつ病性障害，双極性障害などが出現する。7）児童・青年期のうつ病の経過は1年以内に軽快する症例が多いが，数年後あるいは成人になってから再発する可能性が高い。8）薬物療法についての説明（省略）であるとし，子どもが示す行動面での不登校や，ひきこもり，摂食障害，多動などの問題を，子どもの不適応を社会的病理や教育病理だけで捉えるのではなく，うつという視点からも見直す必要があるという。確かに，傳田が述べる子どものうつの臨床症状によると，不登校やひきこもり，摂食障害や多動などの子どもの不適応が，うつによって引き起こされている可能性は疑われないわけではないが，臨床現場の子ども以外の一般の子どもにも適合するかどうかの確認が必要であろう。

　また，傳田はDSRS-Cを用いた調査だけでなく，精神疾患簡易構造面接法（MINI-KID）を医師が学校に行き一般児童に実施している（2007年4月〜9月）。小学4〜6年生と中学1年生の738人に調査を実施している。調査結果は，大うつ病性障害1.8％，小うつ病性障害2.0％，気分変調性障害0.5％，双極性障害6.2％であった。調査結果を合わせると，全体の10.5％に抑うつ状態が見受けられることになる。2004年に傳田がDSRS-Cを用いて行った調査と合わせて見てみるのは，年齢構成や性別構成などが異なり無茶な点も多いが，単純に抑うつ状態の割合を見たときには大きな差は見られないことから，一般児童に抑うつ状態の子どもが存在することの検証となった。

　今まで考察してきた医学領域の研究は，子どもたちの中にどれぐらいの割合で抑うつ状態の子どもが存在し，どのような状態を示しているのかを検証することが研究目的であった。もちろん，医学領域の研究は，子どものうつの啓発に大きな役割を果たし，子どもの精神保健に警鐘を鳴らしたといえる。だが，

医学領域の研究はあくまでも疫学調査の意識が強く，うつの子どもは，医療・治療という視点が強い。そのため，医療の対象でない一般の子どもを対象とした研究結果が，子ども全体にフィードバックされにくいところがある。疫学研究という医学領域の限界を理解し，今後は，他領域が子どもの現状を捉え，子どものうつへの対応・支援を考えていくことが必要だと考える。

2) 教育領域における子どものうつ研究

　医学領域の学校現場の子どもを対象とした研究が進むと，教育領域が子どものうつに関心を持ち始めた。内田ら（2006）は，うつの存在への対策を目的に先行研究を概観し，うつの予防教育の必要性を提唱している。田中（2006）はDSRS-C を用いて，2004 年の5 月から7 月にかけ，宮城県と福岡県の小学4年生から中学3 年生 1,650 人を対象に調査を行い，学校文化の価値観に絡めて分析している。分析の視点は，学校教育の中で求められる子どもの発達段階で分析が行われている。例えば，学年が高くなると抑うつ状態が高くなるのは，理想自己と現実自己とのギャップに気づいたと考えると当然だという。また，中学生の抑うつ状態が高いのは，高校受験を前に偏差値の高低がその人の全体の価値に影響しているという。教育の視点，教師の子ども像からの分析が強い。しかし，子どものうつ状態を，成長と発達の中で起きてくる付随的な現象のように捉えているところが，今までにない解釈である。

　石津ら（2007）は中学生の抑うつ傾向と過剰適応という点から，学校適応における自己評価と抑うつの関連を追試的に行っている。その結果，個人が環境に過剰に適応することで抑うつ傾向が高まるという。過剰適応の因子は「他者配慮」「期待に沿う努力」「人からよく思われたい欲求」で学校適応感と正の相関がある。外部からから適応しているように見える子が抑うつ傾向の高い子であって，保護者からも適応しているとみなされていると，抑うつと適応の関連を報告している。石津らの研究も，教育枠からの視点である。子どもたちの抑うつ状態は学校環境の適応だけで起きているのではなく，学校環境も要因の一つとして考えていく必要があるように思う。しかし，石津らの研究は，子ども

の抑うつ傾向からの関連を考えることに意義をもち，関連する要因が導き出されることで，子どものうつへの支援を考えていく手立てとなると考える。

　教育領域での子どものうつ研究は浅く，子どもの抑うつ状態を学校枠において分析しようとする傾向が強いように思われる。子どもは，学校環境にだけに影響を受けているのではない。子どものうつを多面的に捉える必要があると考える。そして，抑うつの実態調査にとどまらず，抑うつ状態が何に関連するのか，言い換えれば，うつによって何が起こっているのかを明らかにすることに向けた研究が進みだしていることは意義があると考える。

3) 心理領域における子どものうつ研究

　心理領域では，傳田の研究が盛んになりだすと同時期に，子どものうつ研究が始まりだしている。佐藤ら（2002）は，DSRS-C を用いて 2001 年 6 月～ 2003 年 12 月に調査を実施した。地域は茨城県，東京都，埼玉県，宮崎県の 12 校，対象は 5・6 年生 1,300 人である。調査は学校で子どもたちが回答する形で実施した。子どもの抑うつ状態の調査に加え，DSRS-C の構造を因子分析し，活動性・お楽しみの減退と抑うつ気分の 2 因子構造を示唆し，DSRS-C はスクーリングや調査には適しているが，治療には不十分だと説明した。評価尺度について，医学領域以外から，検討したのは初めてであり，進歩した研究であるといえる。しかし，調査期間が長すぎることから，同一条件下でのデータ分析でないことが悔やまれるところである。また，佐藤（2009）らは，宮崎大学により県内の小中学校と連携し，子どもの抑うつプログラムとして認知行動療法を実施している。プログラムは 9 カ月間で，プログラムを受けた子どもは抑うつ尺度の点数が増えずにいることから，一定の効果があると報告している。子どもの抑うつ研究においての介入研究であり，今までの研究から大きく発展した評価すべき研究であると考える。認知行動療法については今後のエビデンス（evidence）が期待されるところである。

　最近では，高橋ら（2010）が中学生の不安と抑うつの高い児童の社会的スキルの特徴を研究報告している。DSRS-C と不安尺度を用いて，調査を行って

表4.3　日本におけるうつに関する研究報告

報告者（報告年）	調査対象	対象件数	概要（抑うつ状態％）
南沢　　（1955）	患者	6 人	事例報告
大井　　（1978）	患者	50 人	事例報告
村田他（1988）	患者	861 人	抑うつ状態児童の受診状況
村田他（1991）	患者	60 人	抑うつ群とうつ群の比較検討
村田他（1992）	小・中学生	298 人	CDI による妥当性調査
石坂他（1992）	小・中学生	2,241 人	CDI 調査（抑うつ状態の地域差を検証）
村田他（1998）	小・中学生	1,584 人	CDI 調査（小学生 13.3%，中学生 21.9%）
傳田他（2004）	小・中学生	3,378 人	DSRS-C 調査（小学生 7.8%，中学生 22.8%）
田中　　（2004）	小・中学生	1,650 人	DSRS-C 調査（小学生 13.3%，中学生 21.9%）
佐藤他（2002）	小学生	1,300 人	DSRS-C 調査（全体 11.6%）
高橋他（2010）	中学生	400 人	DSRS-C と不安尺度からうつと不安の関係を検証

いる。中学1〜3年生400人が対象であり，抑うつ傾向が高い児童は社会的スキルが欠如していると報告している。さらに，不安と抑うつに効果的なのは，認知行動療法であると示唆している。

　心理領域の子どものうつ研究は浅いものの，実態研究の枠を越え，介入研究が始まりだしている。介入研究ができるのは，心理領域が対人対応スキルをもつ領域であり強みであるといえる。今後，心理領域における子どものうつへの介入研究は，さらに進展していくだろうと予測できる。

4.　子どものうつにおける支援研究への期待

　子どものうつに関する研究は，子どものうつにおける認識の低さが研究の進展を阻んできたといえる。そのため，日本における子どものうつの研究は1950年代後半の症例研究に始まったが，その間に停滞期もあり，大きくうつ研究が進みだしたのは，1990年以降という浅い歴史である。さらに，子どものうつにおける認識を変えるために「子どもの中にうつが存在する」という実証研究が長く続いたことである。そのため，子どものうつの実証研究後に予防や支援における研究が発展されずにいたことが課題となった。

　医学領域の研究は，医学領域だけでなく，他領域における子どものうつの認識を高め，子どもの精神保健への警鐘を鳴らすことに貢献した。

　これから先は，子どものうつ視点からの支援を視野に入れた領域も介入すべきだと考える。第4章1〜3の研究を表4.3に示す。

　うつは，生物的要因，心理的要因，社会的要因である家族問題や学校問題など複雑に絡み合って起きているものであり，医学，教育，心理だけでなく，子どもと環境の視点から多面的に子どもの現象を捉える福祉領域の研究が必要であると考える。さらに，子どものうつ研究には，うつに関する実態研究だけでなく，うつの子どもへの支援，さらには予防をするための介入研究が重要となってくる。

第5章 子ども支援を目指したうつ研究

本書は，第1章から第4章において子どもの背景にある社会・学校・家庭での現状と子どものメンタルヘルスの現状，メンタルヘルスの課題である「うつ」について整理をした。

整理する中で見えてきたものがある。少子化，児童虐待の増加，家庭環境の変化，学校環境の変化，児童生徒の問題行動や不登校の増加，子どものメンタルヘルス課題の拡大などは，影響し合い生じているのではないかということである。

第5章では，筆者が子どもの現状がなぜ起きているのかをアセスメント（見立てる）する視点として行ったうつ研究の経緯，経過，結果などについて，それぞれの研究の節目について記述する。

1. 研究の動機

2009（平成21）年に，「子どものうつと問題行動[1]の関連」について研究を始めようとした動機について述べる。

近年の学校現場におけるいじめ，暴力行為，非行など問題行動や不登校の増加[2]，低年齢化は深刻な問題であり，その現状は，子どもの発達や学習の権利を揺るがす社会問題である。子どもの問題行動には，子どもが抱えるさまざまな課題と背景があり，その背景を明らかにした支援が必要である。子どもの発達や学習の支援という，子どもの権利保障を核とし，学校現場におけるいじめ，暴力行為などの問題行動や不登校の要因を，抑うつの視点から背景を検証し，予防・支援方法（プログラム）を構築できないかと考えた。

研究の学術的背景には，社会問題である児童生徒の問題行動や不登校をどのように改善するか，児童生徒への予防・支援をどのようにしていくか，問題行動を表す児童生徒の抱える課題と背景をどのように支援するか，支援対策をど

のように講じるのかという児童領域における実態，支援研究がある。近年，児
童生徒の問題行動について，児童精神医学領域では，子どもの不登校やいじめ，
無気力傾向，対人関係の弱さや暴力行為に対して，子どもたちを抑うつの視点
から検討する必要があると指摘する。社会の関心が高まるところとなったうつ
病は，大人だけでなく，子どもにおいても増加傾向にある。欧米の疫学研究で
は一般人口における子どものうつ病の有病率は，児童期（12 歳以下）0.5～2.5％，
青年期（17 歳以下）2.0～8.0％と報告されている（Harrington 1994）。わが国の
研究でも，子どもの 1～5％程度と推測され，年齢が上がるごとに増加傾向に
ある（村田ら 1993；傳田 2004）と報告している。また，学校保健会や教育委員
会の心と体の健康調査の結果において，惨めさや寂しさ，自信喪失，無気力感，
楽しみの喪失，生きがいを見出せないなどを訴える子どもたちが多く，抑うつ
状態の疑いを示している。また，近年は児童虐待や貧困の問題など家庭環境が
学校現場での問題行動に影響しているのではないかと考えられている（厚生労
働省「子育て世代にかかる家庭への支援に関する調査研究報告書（令和 3 年 3 月）」）。
抑うつ状態を指摘する研究は，病院などに通う子どもなどを対象としているこ
と，家庭環境の問題行動への影響についても，問題行動や非行などの児童生徒
を対象としていることが共通としてあるものの，抑うつ状態や児童虐待，貧困
などが問題行動の背景にあることを提起している。

　文部科学省が捉える問題行動は，学校や教員からすると問題とされる行動で
あるが，子ども側からすると，子ども自身の QOL（quality of life）の低下を招
いている大きな要因である。子どもの問題行動における支援については，さま
ざまな分野から対策や支援が講じられてはいるものの，問題行動に改善が見ら
れない現状があり，問題行動の支援における支援技法が求められる。

　村田や傳田は，子どもの行動を抑うつの視点から検討する必要性を指摘する
ものの，彼らの研究は子どもたちの実態把握で，子どもの中にどの程度の割合
で抑うつ症状が見られ，どのような状態なのかの検討であり，行動と抑うつの
関連を明らかにした研究には至っていない。

　これまでの実証研究は実態把握が主流であり，子どもが表すさまざまな抑う

つ症状や問題行動を抑うつという視点から検討することにおいて十分でなく，支援の方向性が見られない。そこで，受診する子どもなど特定の子どもを対象とした研究ではなく，子どもの生活の場である学校現場において全員の子どもを対象として，子どもの抑うつ状態と行動を検討し，子どものニーズにアプローチする必要がある。現在，学校現場において子どもの QOL の低下要因となっている問題行動にアプローチすることは，今までいろいろな支援技法を構築し，問題解決を図ってきた社会福祉領域の課題であると考える。

　また，わが国においては，小学生における抑うつについての研究がほとんど行われていない。さらに，子どもの抑うつに関する調査において，子ども自らが回答した調査は少なく，調査結果に周囲の大人のバイアスがかかっている可能性がある。筆者は，子ども自ら回答した抑うつ評価尺度を用いて，子どもの抑うつ状態の実態と子どもが見せる行動との関連を検討しなければ，効果的な支援技法は見出せないと考える。

注)
1)　本研究における問題行動の定義は，学校における教師の立場から問題行動として理解したもの，文部科学省の問題行動とする暴力行為やいじめ，不登校など生徒指導上の諸問題を意味する。行動が問題であるとされる基準には，①行動の頻度，②行動の強さ，③示される行動が，不適切な場面で表出，④発達的に見て適切でない行動，⑤社会規範から見た行動がある。
2)　文部科学省は，生徒指導上の諸課題の現状を把握することにより，今後の施策を推進するとして，児童生徒の問題行動等の実態調査を毎年行っている。研究を始めた 2009（平成 21）年度の文部科学省調査は「児童生徒の問題行動等生徒指導上の諸問題に関する調査」で，この当時は問題行動等に不登校が含まれていた。「児童生徒の問題行動等生徒指導上の諸問題に関する調査」は，2015（平成 27）年度まで続き，2016（平成 28）年度からは，不登校を問題行動とは捉えず「児童生徒の問題行動・不登校等生徒指導上の諸問題に関する調査」と名称が変わった。

2. 2009 年度研究

1）研究目的

　研究は，小学生の抑うつ状態に着目し，以下の仮説を立てて行った。小学生の抑うつ状態は学校生活の行動に影響を与え，そのことによって児童に問題行動が生じている。そこで，学校に通う児童による自己記入式抑うつ評価尺度 DSRS-C と教師による児童の行動評価を用いて調査を行い，小学生の抑うつ状態が学校生活の行動に影響しているのかを明らかにすることを目的とした。

　研究の問題行動とは，児童自身の学校生活・集団生活のしづらさを生じさせているような行動，すなわち学校という集団生活の場面において，示される行動が不適切な場面で表れ，行動の頻度や強さ，発達的に見て適切でない行動，社会的規範から見た行動をいう。

2）研究方法

　研究は，Birleson の自己記入式抑うつ評価尺度（DSRS-C：Birleson Depression Self- Rating Scale for Children）（Birleson 1981）と教師による行動評価票を用いて，小学生における抑うつ状態の実態と問題行動の関連を明らかにした。

① Birleson の自己記入式抑うつ評価尺度（DSRS-C）

　DSRS-C は子どもの抑うつ症状に関して 18 項目からなり，子どもたちに最近 1 週間どんな気持だったかを質問するものである。子ども自身が質問票の各項目に 3 段階評価（2 点・1 点・0 点）で回答を行う。フルスコア 36 点でカットオフスコア（抑うつ状態）は 16 点として，村田ら（1996）によって日本語版が作成され，信頼性と妥当性が確認されている。また，DSRS-C の適用年齢は 7〜13 歳と Birleson（1981）が報告している。さらに，DSRS-C の質問内容が小学校で用いられる「心と身体の健康調査票」（日本学校保健会 2006）と近い質問内容であり，低学年の子どもたちも理解しやすいと思われたことから，本研究は DSRS-C を用いた。

表 5.1 Birleson の自己記入式抑うつ評価尺度（DSRS-C）の 16 項目

私たちは，楽しい日ばかりではなく，ちょっとさみしい日も，楽しくない日もあります。
みなさんが，この 1 週間，どんな気持ちだったか当てはまるものに○をつけてください。
良い答え，悪い答えはありません。思ったとおりに答えてください。

年　　　組　　　番　　男・女

	いつも そうだ	ときどき そうだ	そんなこと はない
1. 楽しみにしていることがたくさんある。	（　　）	（　　）	（　　）
2. とてもよく眠れる。	（　　）	（　　）	（　　）
3. なきたいような気がする。	（　　）	（　　）	（　　）
4. 遊びに出かけるのが好きだ。	（　　）	（　　）	（　　）
5. 逃げだしたいような気がする。	（　　）	（　　）	（　　）
6. おなかがいたくなるようなことがある。	（　　）	（　　）	（　　）
7. 元気いっぱいだ。	（　　）	（　　）	（　　）
8. 食事が楽しい。	（　　）	（　　）	（　　）
9. やろうと思ったことがうまくできる。	（　　）	（　　）	（　　）
10. いつものように何をしても楽しい。	（　　）	（　　）	（　　）
11. かぞくと話すのが好きだ。	（　　）	（　　）	（　　）
12. こわい夢を見る。	（　　）	（　　）	（　　）
13. ひとりぼっちの気がする。	（　　）	（　　）	（　　）
14. おちこんでいてもすぐに元気になれる。	（　　）	（　　）	（　　）
15. とてもかなしい気がする。	（　　）	（　　）	（　　）
16. とてもたいくつな気がする。	（　　）	（　　）	（　　）

（用紙の漢字にはすべてルビをうち配布）

村田豊久の日本版 DSR-C より 16 項目を用いて作成。

研究では，教育現場での実施であることを配慮し，18 項目のうちの『いじ
め』『自殺』の 2 項目を省き調査を行った。DSRS-C の 16 項目（表 5.1）の 3
段階評価（2 点・1 点・0 点）でフルスコア 32 点，カットオフスコア 16 点は，
佐藤ら（2002）によって信頼性と妥当性が検討され確認されている。

② 学級担任による行動評価

　子どもは自らの問題行動によって，学校における生活のしづらさを抱え，そのことが子どものQOLの低下をもたらしている。そこで，問題行動を明確にするために，学校での最近の行動を学級担任（以下担任とする）によって評価してもらった。評価項目は教師らが子どもの観察から重要と考えた内容とし，各項目を3段階（2点・1点・0点）で評価した。

　行動評価の内容は，①行動が年齢より幼い，②座っていられない，落ち着きがない，③やってはいけないことをしても悪いと思わない，④暴言や暴力がある，⑤物を壊す，⑥学習意欲がある，⑦休み時間に友人交流がある，⑧学校生活全般に元気がある，の8項目とした。項目①～⑤については，『よくある・ときどき・ほとんどない』の3段階評価，⑥については『意欲的・普通・無気力』の3段階評価，⑦については『楽しそう・普通・孤立しがち』の3段階評価，⑧については『とても元気・だいたい元気・元気がない』の3段階評価とした。

3) 倫理的配慮

　本研究の目的と方法，プライバシー保護などに関する説明を2小学校長および全教師に行い調査の協力を依頼し書面にて同意を得た。教育委員会へは，各校長から研究協力を承諾する旨が報告され，教育委員会から個人が特定できないように配慮をするうえでの許可を得た。なお，本研究は大阪府立大学大学院人間社会学研究科研究倫理委員会の承認を得た。

4) 調査方法

　調査実施前に，担任にDSRS-Cの調査手引を配布，説明し，それに基づき担任から子どもたちに調査の説明を行ってもらった。調査手引の内容は，①本研究は，子どもたちの普段の気持ちや考えについて尋ねていること，②よい答えや悪い回答はないこと，③回答は強制ではないこと，子どもが回答したくない場合は未記入でもよいこと，④回答の内容が家族や友達にもれることはない

こと，⑤子どもが不明に思うことについて担任から説明を行う，などである。
担任が子どもたちに研究説明を行い，同意した子どもたちを対象に調査を実施
した。調査は 2009 年 7 月 13 日から 15 日の 3 日間で，各クラスで一斉に行っ
た。

5)　研究対象

　対象は，A 県 B 市の 2 小学校の 2 年生から 6 年生までの児童全員 1,152 人と
担任 35 人とした。その結果，DSRS-C の回答 1,124 人のうち有効回答 1,117 人
（99.4%）を分析対象とした。

　児童 1,117 人の内訳は，2 年生は 215 人（19.3%），3 年生は 229 人（20.5%），
4 年生 202 人（18.1%），5 年生 273 人（24.4%），6 年生 198 人（17.7%）であり，
男子は 568 人（50.9%），女子は 549 人（49.1%）であった。

6)　分析方法

　統計分析は SPSS for Windows 15.0 を用いて，DSRS-C で得点がカットオフ
スコア 16 点以上の抑うつ状態と行動評価との関連を学年別・性別において t
検定，重回帰分析にて検討を行った。

　抑うつ状態と問題行動を検討する際に，行動評価の質問項目①行動が年齢よ
り幼い，②座っていられない，落ち着きがない，③やってはいけないことをし
ても悪いと思わない，④暴言や暴力がある，⑤物を壊すについて「よくある」
「ときどき」の割合で，⑥学習意欲がある，⑦休み時間に友人交流がある，⑧
学校生活全般に元気があるについては「ない」の割合で検討を行った。

7)　調査結果

①　抑うつ状態の子どもたち

　DSRS-C の平均得点および標準偏差は，9.38 ± 4.75 点である。各学年，性
別における平均得点は表 5.2 に示した。DSRS-C の得点が 16 点以上の抑うつ
状態の子どもは，全体の 11.6%（130／1,117 人），男子 12.5%（71／568 人），女

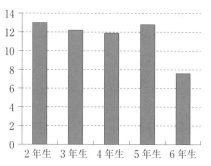

図 5.1 DSRS-C の得点が抑うつ状態の子ども（%）

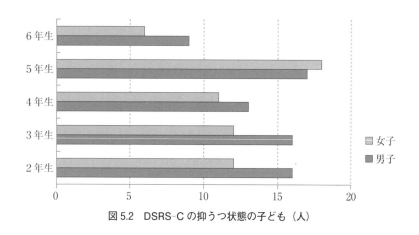

図 5.2 DSRS-C の抑うつ状態の子ども（人）

表 5.2 DSRS-C の平均得点

全体	9.38 ± 4.75
2 年生	10.33 ± 4.54
3 年生	9.24 ± 4.92
4 年生	9.44 ± 4.98
5 年生	9.51 ± 5.00
6 年生	8.37 ± 4.32
男子	9.70 ± 4.78
女子	9.09 ± 4.82

子 10.7 %（59／549 人）であった。学年別では，2
年生 13.0 %（28／215 人），3 年生 12.2 %（28／229
人），4 年 生 11.9 %（24／202 人），5 年 生 12.8 %
（35／273 人），6 年生 7.6 %（15／198 人）であった
（図 5.1，図 5.2）。DSRS-C の平均得点，抑うつ状
態において，2 小学校の差はほとんど見られな
かった。

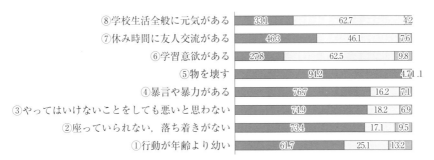

■0点　□1点　■2点

⑧学校生活全般に元気がある　33.1　62.7　4.2
⑦休み時間に友人交流がある　46.3　46.1　7.6
⑥学習意欲がある　27.8　62.5　9.8
⑤物を壊す　94.2　4.7 1.1
④暴言や暴力がある　76.7　16.2　7.1
③やってはいけないことをしても悪いと思わない　74.9　18.2　6.9
②座っていられない，落ち着きがない　73.4　17.1　9.5
①行動が年齢より幼い　61.7　25.1　13.2

図 5.3　行動評価の分布（％）

（ア）行動評価の得点

　担任が子どもたちの授業中や休み時間，学校での様子などを行動評価票で評価した結果について図 5.3 に示した。行動評価のうち，『行動が年齢より幼い』『座っていられない，落ち着きがない』『やってはいけないことをしても悪いと思わない』『暴言や暴力がある』の項目について「ときどき・よくある」の評価の子どもは全体の約 25％ 以上であった。『行動が年齢より幼い』と思われる子どもについては全体の 40％ 近い数値であった。『学習意欲がある』において「ない（無気力）」は全体の 9.8％，『休み時間に友人交流がある』において「ない（孤立しがち）」は全体の 7.6％，『学校生活全般に元気がある』において「ない（元気がない）」は 4.2％ であった。

（イ）子どもの問題行動と抑うつ状態の関連

　DSRS-C で得点 16 点以上（抑うつ状態の子ども）と行動評価の得点に関して 2×2 表において両者の関連を検討した（表 5.3）。抑うつ状態と行動評価との関連を学年別・性別において t 検定，重回帰分析にて検討を行った結果，『やってはいけないことをしても悪いと思わない』『暴言や暴力がある』『学習意欲がある』『休み時間に友人交流がある』『学校生活全般に元気がある』の項目で抑うつとの関連が見られた。

表 5.3　抑うつ状態と問題行動の関連

	DSRS-C16 点以上（%）	2 × 2 表 有意確率
①行動が年齢より幼い	43.4	NS
②座っていられない，落ち着きがない	24.8	NS
③やってはいけないことをしても悪いと思わない	34.1	0.009
④暴言や暴力がある	29.5	0.049
⑤物を壊す	7.8	NS
⑥学習意欲がある（ない）	22.5	0.00
⑦休み時間に友人交流がある（ない）	16.3	0.00
⑧学校生活全般に元気がある（ない）	16.3	0.00

p<0.05

8）研究の意義・考察

①　本研究の意義

わが国でも，これまでに本研究で用いた DSRS-C の質問票によって，児童・青年期の抑うつ状態を客観的に評価する研究が行われてきた（傳田 2002；村田 2006 ほか）。しかし，以前はうつ症状が思春期以降に表れやすいとされたこともあり，小学生を対象としたうつ研究はほとんどない。また，子どもの抑うつ状態とその症状を，子どもの表す行動との関連から研究したものはない。さらに，本研究は教育現場で子ども自らが調査票に回答していることから，大人（親）のバイアスがかからず，子どもの気持ちを尊重したデータが回収できたことに意義があると思われる。

②　DSRS-C の得点および抑うつ状態

本研究の DSRS-C の全体の平均得点および標準偏差は 9.39 ± 4.75 であった。DSRS-C の作成者である Birleson（1981）の研究報告において，11〜12 歳（n = 19）の DSRS-C の平均得点および標準偏差は 4.32 ± 3.32 であったのに対し，本研究の 11〜12 歳（5・6 年生）の平均得点および標準偏差は 8.94 ± 4.66 点と高い値であった。わが国の研究報告では，村田ら（1996）が小学校 2〜6 年生 395 人（男子 197 人，女子 198 人）に行った調査において平均得点および標準偏

差は 9.08 ± 4.87 点，男子 8.75 ± 4.64 点，女子 9.40 ± 5.07 点と報告している。また，傳田ら（2004）小学校 2〜6 年生 1,852 人の平均得点および標準偏差は 7.98 ± 5.03 点と報告している。本調査方法と，先行研究の調査法は異なる点（自宅での調査票回答など）はあるものの，得点比較において，ほぼ同じかもしくは少し高い値であった。

　しかし，先行研究では学年が低いほど DSRS-C の平均点数が低く，学年が上がるほど平均得点は有意に上昇していると報告しているが，本研究において，6 年生の平均得点が他学年の平均得点より低く，2〜5 年生において平均得点に学年差はほとんど見られなかった。さらに，先行研究は，女子の平均得点が男子の平均得点より高く報告されているが，本調査においては，5 年生を除いて男子の平均得点が女子の平均得点を上回っていた。

　その結果，本調査の抑うつ状態の子どもが 11.6％に対し，村田らは 9.6％，傳田は 8.4％の報告があり，抑うつ状態の子どもの割合は先行研究よりも高い割合を示した。

　子どもたちに学校現場において，自己記入の質問票回答を得た本調査と，他の方法で質問票回答を得た先行研究の調査では，子どもの回答に少なからず影響があることが予測される。しかし，先行研究や本調査から，わが国の小学生の中に抑うつ状態の子どもたちの存在が考えられることは事実である。そして，新しい研究報告ほど，子どものうつ状態が高く，小学生において抑うつ状態が多くなっている現状が考えられる。

③　抑うつ状態の子どもの行動評価

　抑うつ状態が見られる子どもは，抑うつ状態が見られない子どもと比較すると行動評価の『行動が年齢より幼い』『やってはいけないことをしても悪いと思わない』『暴言や暴力がある』において，出現の割合が高く見られた。反対に『学習意欲がある』『休み時間に友人交流がある』『学校生活全般に元気がある』の項目で，抑うつ状態の子どもは「無気力」「孤立しがち」「元気がない」の割合が，抑うつ状態が見られない子どもよりはるかに高かった。このことか

ら，重回帰分析による抑うつ状態の関連だけでなく，行動評価の得点分布において，抑うつ状態の子どもの行動状況が示唆された。

　本研究において，村田や傳田が指摘するように，子どもたちの不登校，いじめ，無気力傾向や，対人関係の問題，暴力行為（本研究で定義する問題行動）に関して，子どもたちを抑うつの視点から検討する必要性が明らかになった。

④　子どもの問題行動への支援技法の考察

　子どもの問題行動と抑うつの関連が明らかになったことから，うつの支援に効果があるとされる心理教育を支援技法として教師に実践する根拠を得ることができた。

　心理教育は，「正しい知識や情報を心理面への十分な配慮をしながら伝え，諸問題，諸困難に対する対処方法を習得してもらうこと，さらにエンパワメント視点（自らの力に気づき，主体的に行動できる）であること」が特徴としてあげられる。うつや統合失調症などの精神障害などの支援に用いられる技法である。心理教育の対象者は，本人でも，家族，家族以外の関係者でも，受容しにくい問題を持つ人であればその対象として考えられる。わが国では，これまで三野（2001 ほか）や下寺（2006）らが，うつや統合失調症において心理教育の効果を報告している。

　そこで，子どもの問題行動への支援技法として，教師を対象に心理教育を行うことによって，教師に子どもの現状や問題行動に対する知識や情報の共有を行い，教員たちで話し合いをして対処方法を習得してもらい，他の教師との相互関係のなかで教師をエンパワメントする。その結果，教師の子ども理解や対応スキルが向上し，子どもの問題行動の改善につながる効果的な支援技法となる可能性が期待される。

⑤　今後の課題と研究の限界

　今回の研究報告は，子どもの問題行動への支援技法を根拠づける実証研究（第 1 段階）であり，この研究結果を発展させて，子ども支援技法の効果の検

証（第 2 段階）を行う目的から，DSRS-C の質問票を無記名としなかった。そのことが，高学年において社会的回答になっている可能性もある。

　また，教師の行動評価において，各教師間の評価基準に大きな差はなかったが，今後，評価間の信頼性を検討する必要性がある。

　本研究の最終目的は，本調査結果を子ども支援に活かすことであり，問題行動の改善，QOL の向上が研究結果となる。

9）まとめ

　本研究では，これまでの先行研究で報告されていた子どものうつの存在と，学校現場の問題行動の現状を踏まえ，子どもの問題行動とうつとの関連を検証した。

　DSRS-C で抑うつ状態の子どもは全体の 11.6％ と，これまでの報告より高い値となった。また，低学年においても抑うつ状態が存在し，抑うつ状態を示す割合は，男子の方が女子よりも多い結果となった。この結果は現状の子どもたちの問題行動の傾向と重なるところがある。

　また，抑うつ状態の子どもと行動評価による分析から『やってはいけないことをしても悪いと思わない』『暴言や暴力がある』『学習意欲がある（ない）』『休み時間に友人交流がある（ない）』『学校生活全般に元気がある（ない）』の項目で関連していた。以上の結果から，小学生に抑うつ状態を示す子どもたちが少なからず存在し，子どもたちは抑うつ状態によって，問題行動を起こしている可能性が示唆された。

【日本社会福祉学会第 58 回秋季大会：平成 22 年 10 月 10 日　於：日本福祉大学にて研究報告】

3. 調査結果を基盤に置いた教師心理教育

　調査分析によって，抑うつと問題行動の関連が示唆されたことから，うつに効果的であることが検証されている「教師への心理教育（以下，教師心理教育とする）」の取り組みを試みた。教師心理教育を支援の最優先に置いたのは，

学校現場での環境を整えるためである。学校現場での子どもの支援者の主体となるのは教師である。

　子どもと教師との関係，学習環境や活動環境，友達関係などの学校生活のすべての環境づくりにかかわるのが教師だからである。教師が築く学校環境の安定が，子どもの安定に影響する。支援には，個人に行うものと，集団に向けて行う方法がある。学校という集団教育の場であることを活用した支援の取り組みを最初に行った。

　教師心理教育を調査結果のフィードバック時に行うこととし，

① **正しい知識や情報を共有する**：抑うつの説明および抑うつと問題行動の関連について調査結果と子どもの様子をリンクさせて説明をし，子どものメンタルヘルスの低下と行動表出についての理解を図る。子どもの様子については，結果のフィードバック前に授業中の観察を行い，調査結果との整合性を確認しておく。

② **子どものメンタルヘルスおよび行動の表出における授業・生徒指導（指導・支援）を検討する**：担任，学年，生徒指導，教育相談，養護教諭らと協議の場を持つ。子どもが表出している行動における生徒指導の実践について協議した。担任だけが実践するのではなく，学年を含め他の教師が一貫した生徒指導を行えるように共有を図る。たとえば，授業中の立ち歩き，中抜け，話をするなどの場合の声の掛け方，教室の整頓，掲示物の調整，席順，板書，生徒指導時の教師の声の大きさなど子どもの状況を理解したうえでの授業のあり方，生徒指導について細かく協議した。協議した内容について，教師が実践できる内容であるかを確認し，実践の共有を図る。

③ **教師のエンパワメント**：子どもの行動表出を教師とアセスメントすることで，子どもを理解し，生徒指導を行う。教員のかかわりによる子どもの変化を，個別・組織を通して認識し支え合う。教師の適切な生徒指導を引き出す。

　教師心理教育の実施1カ月後に，教師に子どもや生徒指導に対する思いを聞

き取ったところ「子どもの状態が分かったことで，指導のタイミングや声の掛け方が変わった」「指導が入らない子どもと思っていたが，子ども自身も困っているように思うことが増えた」「教師の気持ちが変わると，子どもが変わる」「授業で褒めるようにした」「子どもが落ち着きだした」などの声が聞かれた。本来この時点で，DSRS-C および行動調査を行い，子どもの状況変化，教師心理教育の効果を検証するべきであったが，子どもへの調査負担などを考慮し，教師からの聞き取りに終わった。

4. 拡大調査による検証

2009 年度からの研究で，小学生にうつが存在することが明らかになったが，地域や調査対象を拡大しなければ，子どものうつと問題行動や不登校などの関連を明らかにすることは難しいと考え，2012 年に対象地域を変えて調査対象を拡大して検証した。

1) 調査対象

近畿圏内の A 県 C 市 8 小学校の 2 年生から 6 年生までの児童全員 3,481 人と教員 116 人を対象として実施した。児童 3,481 人のうち有効回答 3,473 人（99.8%）を分析の対象とした。

2) 調査時期と方法

調査は，2012 年 12 月から 2013 年 1 月に行った。この実施時期は，運動会など学校行事が終わり，児童が学級にも馴染み安定した時期である。

調査実施にあたり，本研究の目的や方法を教育委員会に説明した後，校長会で調査目的や方法を説明し，調査協力の依頼を行った。その後，各調査協力校に出向き，学校長と教育相談担当教師に調査目的や方法を再度説明し，調査の協力を得た。調査方法については，教師に DSRS-C の調査手引きを配布，説明し，それに基づき教師から児童に調査の説明を行ってもらった。調査は，各クラス一斉に行った。

3) 調査内容

調査方法は，2009 年度に実施した児童による自己記入式抑うつ評価尺度（DSRS-C）と同じで，本来の項目より『いじめ』と『自殺』を省く 16 項目と，教師による児童の行動評価（8 項目）を調査を行った。

4) 倫理的配慮

本研究は，岡山県立大学研究倫理委員会の承認を得て実施している。実施に当たっては，教育委員会，学校の協力許可を得たのちに実施している。協力校には，本研究の目的や方法，調査によって得られたデータは個人情報の厳重な管理を行い，研究以外の目的には用いないこと，児童の実態を把握することで小学生の支援に役立てたいことを添えた。

5) 分析方法

統計分析は SPSS for Windows 20.0 を用いて，DSRS-C 得点およびカットオフスコア 16 点以上の抑うつ状態と行動評価との関連を学年別・性別においてカイ 2 乗検定，重回帰分析にて検討を行った。

なお本研究においては，すべての分析内の検定における有意確立を 5 % 水準とし，それを満たす結果について「有意である」とした。

6) 結　　果
① 調査回答の基本属性

分析対象となった児童 3,473 人の内訳（表 5.4）は，2 年生は 695 人（全対象の 20.0 %），3 年生は 679 人（19.6 %），4 年生は 672 人（19.3 %），5 年生は 698 人（20.1 %），6 年生は 729 人（21.0 %）であった。また，性別でみると，男子は 1,752 人（50.4 %），女子は 1,721 人（49.6 %）であった。調査対象における学年，性別の偏りはほぼ見られなかった。

表 5.4　分析対象児童の内訳（人）

	男　子	女　子	合　計
全対象	1,752	1,721	3,473
2 年生	357	338	695
3 年生	344	335	679
4 年生	338	334	672
5 年生	348	350	698
6 年生	365	364	729

表 5.5　DSRS-C の平均得点と標準偏差と抑うつ状態の割合

	平均得点 ± SD	DSRS-C16 点以上（%）
2 年生	9.28 ± 4.86	10.5
3 年生	8.40 ± 4.69	7.5
4 年生	7.91 ± 4.47	6.1
5 年生	8.13 ± 4.74	8.2
6 年生	8.29 ± 4.78	9.5
男子	8.39 ± 4.76	9.0
女子	8.42 ± 4.71	7.8
全対象	8.40 ± 4.71	8.4

②　抑うつ状態の児童

　全対象における DSRS-C の平均得点と抑うつ状態の割合を表 5.5 に示した。全対象における DSRS-C の平均得点および標準偏差は，8.40 ± 4.71 であった。各学年と性別による DSRS-C の平均得点および標準偏差では，2 年生の DSRS-C の平均得点および標準偏差は他学年と比べると少し高い値であったが，学年別，性別における DSRS-C の平均得点および標準偏差に大きな差は見られなかった。

　DSRS-C の得点が 16 点以上で抑うつ状態（以下，「抑うつ状態」とする）を示す児童は，全体の 8.4%（3,473 人のうち 291 人），男子 9.0%（1,752 人のうち 157 人），女子 7.8%（1,721 人のうち 134 人）であった。抑うつ状態を示す児童を学

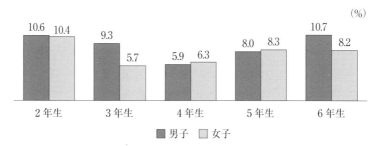

図 5.4　学年・性別における抑うつ状態（DSRS-C16 点以上）の割合

　年別に見ると，2 年生 10.5％（695 人のうち 73 人），3 年生 7.5％（679 人のうち
51 人），4 年生 6.1％（672 人のうち 41 人），5 年生 8.2％（698 人のうち 57 人），6
年生 9.5％（729 人のうち 69 人）であった。抑うつ状態を示す児童の割合は女子
より男子が高く，学年別では 2 年生が高く 3，4 年生で低く，5，6 年生で少し
高い傾向が見られた。さらに，学年・性別で抑うつ状態を示す児童の割合をみ
ると，2 年生は男子 10.6％，女子 10.4％，3 年生は男子 9.3％，女子 5.7％，4 年
生は男子 5.9％，女子 6.3％，5 年生は男子 8.0％，女子 8.3％，6 年生は男子
10.7％，女子 8.2％であった（図 5.4）。抑うつ状態を示す児童の性別比率は 3，6
年生においては，女子より男子が高い割合であったが，ほかの学年では性別に
よる差はほとんどなかった。

③　児童の行動評価
　教師が児童の授業中や休み時間のほか，学校生活全般の様子を観察し行動評
価した結果について図 5.5 に示した。さらに，行動評価のうち，「①行動が年
齢より幼い」「②座っていられない，落ち着きがない」「③やってはいけないこ
とをしても悪いと思わない」「④暴言や暴力がある」「⑤物を壊す」の 5 項目に
ついては『よくある・ときどき』の割合を，「⑥学習意欲がある」「⑦休み時間
に友人交流がある」「⑧学校生活全般に元気がある」の 3 項目については『無
気力』『孤立しがち』『元気がない』を『ない』として，その割合を学年別に示
した（表 5.6）。各項目の行動評価について見ると，「①行動が年齢より幼い」

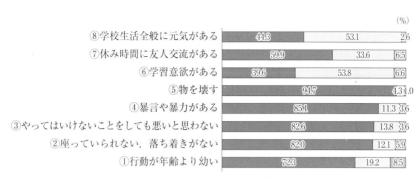

図 5.5　行動評価の結果：全対象

表 5.6　学年別行動評価の内訳：①〜⑤『よくある・ときどき』(%)，⑥〜⑧『ない』(%)

	2 年生	3 年生	4 年生	5 年生	6 年生
①行動が年齢より幼い	24.2	24.5	27.9	31.7	29.8
②座っていられない，落ち着きがない	20.3	20.4	14.4	18.9	15.6
③やってはいけないことをしても悪いと思わない	16.0	15.3	17.9	21.1	16.6
④暴言や暴力がある	14.3	12.2	12.9	20.4	14.7
⑤物を壊す	5.8	5.7	4.9	5.3	4.9
⑥学習意欲がない	6.1	6.2	6.1	5.4	9.1
⑦休み時間に友人交流がない	5.6	6.0	8.2	5.9	6.9
⑧学校生活全般に元気がない	1.7	1.0	2.1	2.4	5.3

では低学年より学年が高くなるほうが，数値が高く，反対に低学年では「②座っていられない，落ち着きがない」の項目で数値が高い。「③やってはいけないことをしても悪いと思わない」「④暴言や暴力がある」の項目では，5 年生が少し高い値であるが，他の学年では大きな差はなかった。また，「⑥学習意欲がない」「⑦休み時間に友人交流がない」「⑧学校生活全般に元気がない」の項目では，「⑥学習意欲がない」「⑧学校生活全般に元気がない」は，6 年生は他学年より高い値となった。

　さらに，抑うつ状態を示す児童と抑うつ状態でない児童に分けて「①行動が

表 5.7 　抑うつ状態の児童と抑うつ状態でない児童別行動評価の内訳：①〜⑤『よくある・
　　　　ときどき』(%)，⑥〜⑧『ない』(%)

	抑うつ状態の児童	抑うつ状態でない児童
①行動が年齢より幼い	42.6	26.4
②座っていられない，落ち着きがない	26.8	17.1
③やってはいけないことをしても悪いと思わない	28.5	16.4
④暴言や暴力がある	26.1	13.9
⑤物を壊す	8.9	5.0
⑥学習意欲がない	16.5	5.7
⑦休み時間に友人交流がない	19.7	5.3
⑧学校生活全般に元気がない	8.9	2.0

年齢より幼い」「②座っていられない，落ち着きがない」「③やってはいけない
ことをしても悪いと思わない」「④暴言や暴力がある」「⑤物を壊す」の５項目
については『よくある・ときどき』の割合を，「⑥学習意欲がある」「⑦休み時
間に友人交流がある」「⑧学校生活全般に元気がある」の３項目については
『無気力』『孤立しがち』『元気がない』を『ない』として，各項目を比較する
と，「①行動が年齢より幼い」「②座っていられない，落ち着きがない」「③
やってはいけないことをしても悪いと思わない」「④暴言や暴力がある」「⑤物
を壊す」の５項目において，抑うつ状態の児童が示す割合は高く，「⑤学習意
欲がない」「⑦休み時間に友人交流がない」「⑧学校生活全般に元気がない」の
項目では，抑うつ状態でない児童の約３〜4.5倍となっている（表5.7）。

④　児童の問題行動と抑うつ状態の関連

　抑うつ状態と行動との関連を検討するために，DSRS-C16点以上の有無と
行動評価の得点を「ある・ない」とした2×2表においてカイ2乗検定を行っ
た。その結果，「①行動が年齢より幼い」「②座っていられない，落ち着きがな
い」「③やってはいけないことをしても悪いと思わない」「④暴言や暴力があ

表 5.8　DSRS-C 16 点以上と行動評価のカイ 2 乗検定（2 × 2 表）

	有意確率
①行動が年齢より幼い	0.000
②座っていられない，落ち着きがない	0.000
③やってはいけないことをしても悪いと思わない	0.000
④暴言や暴力がある	0.000
⑤物を壊す	0.004
⑥学習意欲がない	0.002
⑦休み時間に友人交流がない	0.000
⑧学校生活全般に元気がない	0.000

p<0.05

る」「⑤物を壊す」「⑥学習意欲がある」「⑦休み時間に友人交流がある」「⑧学校生活全般に元気がある」の 8 項目とも有意水準 5％未満で，抑うつ状態と行動 8 項目の間に関連があることが分かった（表 5.8）。

　次に，抑うつ状態と行動との関連を検討するために，DSRS-C 16 点以上（抑うつ状態の有無）を従属変数に，「①行動が年齢より幼い」「②座っていられない，落ち着きがない」「③やってはいけないことをしても悪いと思わない」「④暴言や暴力がある」「⑤物を壊す」「⑥学習意欲がある」「⑦休み時間に友人交流がある」「⑧学校生活全般に元気がある」を独立変数に取り，重回帰分析を行ったところ，「④暴言や暴力がある」「⑦休み時間に友人交流がない（ある）」「⑧学校生活全般に元気がない（ある）」の項目が 5％未満の統計的有意差であった。したがって，「④暴言や暴力がある」「⑦休み時間に友人交流がない（ある）」「⑧学校生活全般に元気がない（ある）」は抑うつ状態に影響を与えていると考えられる（図 5.6）。

7）考　　察

　本研究では，児童の抑うつ状態が，学校生活の行動に影響を与え，問題行動を生じているという仮説に基づき，その検証を行った。これまでに国内でも，

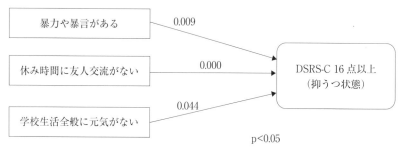

図 5.6　重回帰分析：抑うつ状態と行動評価の関連

本研究で用いた DSRS-C の質問紙によって，児童・青年期の抑うつ状態を客観的に評価する研究が行われてきた。しかし，小学生を対象に，抑うつ状態と行動の関連を研究したものはほとんどなく，さらに，学校現場において抑うつ状態と行動の関連を検証したことは意義のあることだと考える。

① 児童における抑うつ状態の特徴

　本研究における DSRS-C の全児童の平均得点および標準偏差は 8.40 ± 4.71，男子 8.39 ± 4.76，女子 8.42 ± 4.71 であった。わが国の研究報告では，村田ら（1996）が小学校 2〜6 年生 395 人（男子 197 人，女子 198 人）に行った調査において平均得点および標準偏差は 9.08 ± 4.87，男子 8.75 ± 4.64，女子 9.40 ± 5.07 と報告している。また，傳田ら（2004）小学校 2〜6 年生 1,852 人の平均得点および標準偏差は 7.98 ± 5.03 と報告している。筆者が 2009 年に行った小学校 2〜6 年生 1,117 人の調査（男子 568 人，女子 549 人）では，DSRS-C の全児童の平均得点および標準偏差は 9.38 ± 4.75，男子 9.70 ± 4.78，女子 9.09 ± 4.82 であった。本調査方法と，先行研究の調査法（自宅での調査票回答など）や調査時期など調査条件が異なりはあるものの，平均得点においては，ほぼ同じであった。しかし，村田らは学年が低いほど DSRS-C の平均点数が低く，学年が上がるほど平均得点は有意に上昇していると報告しているが，本研究において，平均得点に学年差はほとんど見られなかった。また，今回の調査だけでなく，筆者が 2009 年に行った調査でも平均得点において学年差は見られな

かった。本調査も2009年の調査も，学校現場において同時期に一斉に行っていることから，自宅での調査方法を用いた村田らの結果とは異なる点がみられると考えられる。

　今回の研究では，DSRS-Cにおける抑うつ状態の児童は，全体の8.4%，村田らは9.6%，傳田らは8.4%の報告があり，筆者の2009年の調査は11.6%であり，抑うつ状態の児童の割合は先行研究とほぼ同じであった。わが国の研究では，児童期（12歳以下）のうつ病の有病率が1〜5%と推測されている。うつ病の有病率は，DSRS-C16点以上のうち20%を大うつ病性障害であると仮定して算出してある。この仮定から考えると，今回の対象児童の中にも1.68%の大うつ病障害が存在している可能性がある。

　以上のことから，小学生を対象として大規模調査を行った本調査の結果，DSRS-Cの全児童の平均得点および標準偏差，抑うつ状態を示す児童の割合，さらに学年別の傾向とも，2009年の調査結果とほぼ同様の特徴を示している。すなわち，小学生のどの学年においても抑うつ状態の児童が存在することが実証された。

②　DSRS-Cと行動の関連

　行動評価において，低学年と高学年による行動の違いが見られるが，そこには発達段階による行動表現の違いが考えられる。6年生の行動をみると，「①行動が年齢より幼い」「②座っていられない，落ち着きがない」「③やってはいけないことをしても悪いと思わない」「④暴言や暴力がある」「⑤物を壊す」の行動表出が低学年より低くなり，反対に「⑥学習意欲がある」「⑧学校生活全般に元気がある」の行動表出が他学年より高くなっている。子どものうつ症状と行動評価の8項目を合わせ見ると，「⑥学習意欲がある」「⑧学校生活全般に元気がある」は，うつの主症状と思われる。これは，低学年が表す症状（行動）と異なり，学年が高くなること，すなわち発達段階が高くなることでうつの主症状がより行動として表れやすくなっているのではないかと考える。

　行動とDSRS-C16点以上の抑うつ状態の有無と比較すると，「①行動が年齢

より幼い」「②座っていられない，落ち着きがない」「③やってはいけないこと
をしても悪いと思わない」「④暴言や暴力がある」「⑤物を壊す」「⑥学習意欲
がある（ない）」「⑦休み時間に友人交流がある（ない）」「⑧学校生活全般に元
気がある（ない）」のすべての行動において高い値を示している。行動評価から，
教師は抑うつ状態を示している児童の症状が，学校生活において不適応を起こ
している児童の行動として見えている可能性があると思われる。

③　問題行動と抑うつ状態の関連

　抑うつ状態と行動の重回帰分析では，2009年の調査でも関連が見られた「④
暴言や暴力がある」「⑦休み時間に友人交流がない（ある）」「⑧学校生活全般
に元気がない（ある）」と抑うつ状態に関連があることが明らかになった。抑
うつの状態の児童はうつ症状である抑うつ気分やイライラした気分などから行
動に表出している可能性が高いと考えられる。
　わが国の子ども（18歳以下）の抑うつ状態は大人と同じく増加している。な
ぜならば，わが国の子どもたちの抑うつ状態は自己認識のあり方，とくに自己
価値と密接に関連していると村田は述べる。さらに，わが国の子どもたちの抑
うつ傾向はアメリカの子どもたちよりはるかに強いという。確かに，日本青少
年研究所が行う国際（日本，韓国，中国，米国）比較調査の中に『私は価値のあ
る人間だと思う』という質問項目がある。わが国の子どもの6割強は自分に価
値があるとは思っていない。しかし，米国では，自分に価値がないと思ってい
る子どもは10%弱と低い。わが国の子どもたちの自己価値が低く，それが抑
うつ状態に影響しているとすれば，児童の自己価値も低いと思われることから，
そのことが抑うつ状態の増加に影響を与えていると考えられる。そして，児童
に抑うつ状態が増加しているとすれば，小学生の問題行動が増加，かつ低年齢
化していることの理由がつく。以上のことを考えると，抑うつ状態が関連して
いると思われる小学生の問題行動は，現状より増加することが予測される。
　本研究によって，小学生の問題行動に抑うつ状態が関連していることが示唆
された。増加する小学生の問題行動の改善を図るためには，問題行動の要因の

一つに抑うつ状態があることを認識しなければならないと考える。そして，増加すると思われる小学生の問題行動改善に向け，抑うつの視点から支援を講じる必要性がある。

8) 本研究の限界と今後の課題

　本研究では，これまで明らかにされてこなかった小学生の抑うつと状態と問題行動の関連を，児童が回答した DSRS-C と教師が把握している児童の行動の状態によって検証した。しかし，行動評価との関連を検討するために，DSRS-C を無記名にしなかったことから，高学年においては社会的回答が影響している可能性もある。また，教師の行動評価において，児童の発達段階による評価基準，教師自身の評価基準が影響を与えている可能性を十分検討できなかったことに本研究の限界があげられる。各教師間の評価基準に大きな差はなかったが，今後，評価間の信頼性を検討する必要性がある。

　しかし，本研究のように，小学生の問題行動に抑うつ状態という視点から研究を行ったもの，さらに学校現場での全児童を対象として今回のような大規模調査を実施した研究はほとんどない。また，学校現場で児童自らが調査票に回答していることから，保護者などの大人のバイアスがかからず，児童の気持ちを尊重したデータ回収ができたことで小学生の抑うつ状態の実態が明らかになったことは，行動との関連を検証するだけでなく，学校現場での児童のメンタルヘルスを理解する意味においても意義深いものだと思われる。

　今まで，学校現場における児童生徒の行動を社会病理や教育病理で考えてきた傾向があった。もちろん，児童生徒の行動を社会病理や教育病理で捉えることは，児童生徒の行動を理解するための重要な視点である。しかし，児童生徒が抱える問題，実際には集団生活に困難を生じて表れる問題行動の要因を明らかにすることが急がれるところであり，要因の一つに抑うつ状態がある可能性は高く，問題行動の改善に抑うつの視点から取り組むことが必要であると考える。

　調査結果は，各校の教育相談担当者，生徒指導担当者，担任，学年主任，養

護教諭などに，個々の子どもの調査結果を共有し，授業や生徒指導のあり方を検討した。そして，教師心理教育として研修を実施した。研修内容は，子どものうつと，子どもの状況，授業の配慮と工夫と生徒指導のあり方について共有を図った。そして，教育視点の観察に子どものメンタルヘルス観察（表情・行動・会話・身体的状況など）を加えることや子どもの話の聞き方について，演習を交え実施した。

追跡調査の開始
〜児童生徒理解と支援を引き継ぐ〜

　調査後の調査結果のフィードバックにより，教師の子ども理解が進み，校内の授業や生徒指導のあり方にプラス影響が見られだした。学校の理解と協力を得て，2013 年度より調査を年 2 回行うことになった。そして，2014 年には小学生が進級する中学校の研究協力が得られることになり，小学 1〜6 年生と中学 1 年生を調査の対象とした。さらに翌年には，小学 1〜6 年生と中学 1〜3 年生を対象として調査を行うことができた。研究が拡大することで，それぞれの子どもの理解と支援を小学校から中学校に引き継ぐことを目的に追跡調査を行うことにした。児童生徒理解と支援の引き継ぎにおいては，組織的な小中連携時間の確保，調査データの引き継ぎを，今までの進級時の引き継ぎに組み込んで行われた。

　第 6 章では，
1. 2014 年度に実施した DSRS-C（18 項目）と行動の関連調査：小学 1〜6 年生と中学 1 年生を対象とした年 2 回の調査
2. 2015 年度に実施した DSRS-C（18 項目）と行動の関連調査：小学 1〜6 年生と中学 1〜3 年生を対象とした年 2 回の調査
3. 2016 年に実施した DSRS-C（18 項目）と行動，背景課題の関連調査：小学 1〜6 年生と中学 1〜3 年生を対象とした年 2 回の調査
について述べる。

1. 2014 年度抑うつ状態と行動の関連調査

1) 研究方法

　対象児童生徒は，A 県 C 市の 3 小学校 1 年生から 6 年生 1,532 人と中学校 1 年生，担任 59 人（小学校 51 名，中学校 8 名）である。調査時期は，第 1 回目を 2014 年 7 月，2 回目を 5 カ月後の 12 月として 2 回実施した。

　調査方法は，Birlesonの子ども用自己記入式抑うつ評価尺度（DSRS-C）18項目のうち，「生きていても仕方がないと思う」の項目については，「生きていることは楽しいと思う」に置き換え実施した。また，教師の行動評価については，今までの項目を用いて行った。DSRS-Cは，フルスコア36点でカットオフスコア16点以上を抑うつ状態とした（表6.1）。

　分析は，統計解析ソフトSPSS20.0を使用した。分析は，1回目の有効回答（小学生1,528人，中学生265人）を対象に行った。また，2回目の調査では有効回答（小学生1,514人，中学生257人）を分析対象とした（表6.2）。

2）調査結果

　抑うつ状態を示す小学生は，7月の調査では1,528人中202人（13.2％），12月の調査では1,514人中211人（13.9％）となった。抑うつ状態を示す割合において，学年差，男女差が見られた。中学1年生においては，7月の調査では265人中42人（15.8％），12月調査では257人中48人（18.7％）となった。また，抑うつ状態の男女差を見ると，7月は，男子の抑うつ状態の割合が女子より高いものの，大きな差が見られなかったが，12月の調査においては，男子の抑うつ状態の割合が女子の1.5倍と大きな差が見られた。抑うつ状態を示す児童生徒を表6.3に示した。

　7月の調査で抑うつ状態を示した小学生202人のうち，12月の調査でも抑うつ状態であった児童は，抑うつ状態を示した211人の約半数となる105人であった。また，高学年ほど7・12月の両調査に抑うつ状態を示す児童の割合が高かった。男女の比率では，女子が少し高かった。中学1年生は7月で抑うつ状態を示した42人のうち，12月でも抑うつ状態であった生徒は，抑うつ状態を示した48人の約半数となる25人であった（表6.4）。

　カットオフスコア16点以上を従属変数に行動を独立変数に重回帰分析（$p < 0.05$）をしたところ，小学生では『行動が年齢より幼い』『座っていられない落ち着きがない』『暴言や暴力がある』『休み時間の友人交流がない』に関連がみられた。7月および12月の調査ともに『暴言や暴力がある』『休み時間に

表 6.1　子ども用自己記入式抑うつ評価尺度（DSRS-C）18 項目（調査様式）

わたしたちは，楽しい日ばかりではなく，ちょっとさみしい日も，楽しくない日もあります。みなさんが，この 1 週間，どんな気持ちだったか，あてはまるものに○をつけてください。よい答えや，わるい答えはありません。思ったとおりに答えてください。

年　　　組　　　番　　男・女

	いつもそうだ	ときどき	ない
1.　楽しみにしていることがたくさんある。			
2.　とてもよく眠れる。			
3.　なきたいような気がする。			
4.　遊びにでかけるのが好きだ。			
5.　逃げだしたいような気がする。			
6.　おなかがいたくなることがある。			
7.　元気いっぱいだ。			
8.　食事が楽しい。			
9.　いじめられても自分で「やめて」と言える。			
10.　生きていることは楽しいと思う。			
11.　やろうと思ったことがうまくできる。			
12.　いつものように何をしても楽しい。			
13.　かぞくと話すのが好きだ。			
14.　こわいゆめを見る。			
15.　ひとりぼっちの気がする。			
16.　おちこんでいてもすぐに元気になれる。			
17.　とてもかなしい気がする。			
18.　とてもたいくつな気がする。			

出典：村田豊久「日本版 DSRS-C」より筆者一部改変

表 6.2 分析対象児童生徒の内訳（人）

	小学1年	小学2年	小学3年	小学4年	小学5年	小学6年	小学全児童	小学男子	小学女子	中学1年	中学男子	中学女子
7月	152	174	291	306	312	293	1,528	766	762	265	127	138
12月	156	176	285	307	304	284	1,514	758	756	257	125	132

表 6.3 DSRS-C の得点が抑うつ状態を示す児童生徒（%）

	小学1年	小学2年	小学3年	小学4年	小学5年	小学6年	小学全児童	小学男子	小学女子	中学1年	中学男子	中学女子
7月	9.9	17.8	14.8	11.1	15.4	10.8	13.2	15.0	11.4	15.8	15.3	14.5
12月	13.8	19.1	11.3	13.4	18.1	8.2	13.9	14.9	13.0	18.7	22.4	15.2

表 6.4 7月抑うつ状態で12月も抑うつ状態を示す児童生徒（%）

小学1年	小学2年	小学3年	小学4年	小学5年	小学6年	小学全児童	小学男子	小学女子	中学1年	中学男子	中学女子
33.3	48.4	44.2	58.8	62.5	51.6	52.0	48.7	56.3	52.0	53.6	50.0

友人交流がない』の項目に関連がみられた。中学生では『学習意欲がない』『休み時間に友人交流がない』『学校生活全般に元気がない』の項目に関連が見られた。そして，7月および12月調査ともに『学習意欲がない』『学校生活全般に元気がない』に関連が見られた。

　また，子ども用自己記入式抑うつ評価尺度（DSRS-C）の追加2項目「いじめられても自分でやめてと言える」「生きていることは楽しいと思う」について，抑うつを示す児童生徒の割合を示した（表6.5）。

3）考　　察

　抑うつ状態を示す児童はどの学年にも存在し，抑うつ状態が学校生活すなわち集団生活における対人関係や集団不適応などの行動に影響している可能性がある。

表6.5　カットオフ16点以上の児童生徒における「いじめられても自分でやめてと言える
　　　（言えない）」「生きていることは楽しいと思う（思わない）」の割合

	7月		12月	
小学生	そうだ	ときどきそうだ	そうだ	ときどきそうだ
いじめられても自分でやめてと言えない	34.5	43.3	33.2	46.9
生きていることは楽しいと思わない	18.7	61.6	19.0	62.6
中学生				
いじめられても自分でやめてと言えない	26.8	58.5	34.0	44.7
生きていることは楽しいと思わない	19.0	76.2	22.9	75.0

※表では、「いじめられても自分でやめてと言える」を「やめてと言えない」、「生きている
　ことは楽しいと思う」を「楽しいと思わない」の割合を記載。

　さらに、追跡調査の結果、小学生・中学生ともに抑うつ状態が継続している
可能性が示唆された。前年度小学6年生のすべてが調査対象の中学に進級して
いないが、中学1年生で抑うつ状態を示した生徒のうち、約47％が、小学6
年生時も抑うつ状態であった。また、今回の調査は、子ども用自己記入式抑う
つ評価尺度（DSRS-C）を本来の18項目（フルスコア36点）で実施したことか
ら、カットオフ16点以上の出現が子ども用自己記入式抑うつ評価尺度
（DSRS-C）を16項目（フルスコア32点）の調査結果より高く出ていると思わ
れる。追加の「いじめられても自分でやめてと言える（言えない）」「生きてい
ることは楽しいと思う（思わない）」の項目においては、表6.5に示すように
「そうだ」「時々そうだ」で高い割合を示している。抑うつ状態を示さない児童
生徒と比較すると、抑うつ状態を示す児童生徒は、「いじめられても自分でや
めてと言えない」については、7月、12月とも小学生は約4倍、中学生では約
3倍弱であり、「生きていることは楽しいと思わない」については、小学生・
中学生とも約19倍前後となった。抑うつ状態を示す児童生徒が、SOSが出せ
ない、生きていることが楽しくないと感じていることに、対応を考えることが
急務である。

　抑うつ状態と行動の関連では『行動が年齢より幼い』『座っていられない落

ち着きがない』『暴言や暴力がある』の表面化した行動が見られ，中学生では『学習意欲がない』『休み時間に友人交流がない』『学校生活全般に元気がない』の抑うつ症状が見られる。発達年齢による行動の表出が異なることが考えられる。

　今回の調査で，どの年齢においても抑うつを示す子どもがいて，年齢が高くなるにつれ行動に表出されないことから，周囲の大人が気づかないでいることが予想される。また，問題行動や不登校の現象に注目し対応を考えるだけでなく，その背景の抑うつ状態，子どもの抱えているメンタルヘルスの状況に着目すべきである。

2. 2015 年度　児童生徒の抑うつと行動の関連調査

　2014 年度の調査結果のフィードバックや教師心理教育を受けた中学校から，生徒理解を深めた小学校・中学校の連携の充実を図るということで，中学 2〜3 年生の調査協力の申し出があった。この時期，不登校の増加や児童生徒の自傷行為などのメンタルヘルスが課題となっていた。

1）研究方法

　2014 年度調査対象であった，A 県 C 市 3 小学校の児童 1 年生から 6 年生 1,558 人と，1 中学校の生徒 1 年生から 3 年生 785 人および担任 74 人を対象として実施した。調査内容は 2014 年度と同様に，Birleson の子ども用自己記入式抑うつ評価尺度（DSRS-C）と，教師の行動評価（①行動が年齢より幼い，②座っていられない落ち着きがない，③やってはいけないことをしても悪いと思わない，④暴言や暴力がある，⑤物を壊す，⑥学習意欲がある（ない），⑦休み時間の友人交流がある（ない），⑧学校生活全般に元気がある（ない），の 8 項目）で行った。DSRS-C は，フルスコア 36 点でカットオフスコア 16 点以上を抑うつ状態とした調査は，2015 年 6 月，11 月の 2 回実施した。分析は有効回答（小学生 1 回目 1,538 人・2 回目 1,537 人，中学生 1 回目 723 人・2 回目 742 人）を対象に

表 6.6 分析対象児童生徒の内訳（人）　1回目：6月　2回目：11月

小学生	1年	2年	3年	4年	5年	6年	合計	男子	女子
1回目	175	163	287	288	312	313	1,538	768	770
2回目	174	156	284	301	309	313	1,537	773	764

中学生	1年	2年	3年	合計	男子	女子
1回目	240	257	226	723	365	361
2回目	237	254	251	742	373	369

表 6.7　DSRS-C の得点が抑うつ状態を示す児童生徒（%）1回目：6月　2回目：11月

小学	1年	2年	3年	4年	5年	6年	全体	男子	女子
1回目	7.1	21.6	15.3	10.4	10.3	16.0	12.8	13.9	11.7
2回目	10.9	13.5	12.0	10.6	12.0	15.0	12.4	13.5	11.5

中学	1年	2年	3年	全体	男子	女子
1回目	12.1	16.0	28.8	18.7	17.3	19.9
2回目	11.0	21.3	23.9	18.9	18.5	18.7

行った（表6.6）。統計解析ソフト SPSS20.0 を使用して行った。

　研究は，岡山県立大学研究倫理委員会の承認を受け調査を実施した。

2）調査結果

　DSRS-C の平均得点及び標準偏差は，小学生1回目調査は，8.89 ± 5.58 点，2回目は8.84 ± 5.51 点であった。そして，中学生1回目調査は10.11 ± 6.08 点，2回目は10.48 ± 5.83 点であった。カットオフスコア16点以上の抑うつ状態を示す児童生徒を学年別に表6.7に示した。調査対象3小学校で，抑うつ状態を示す児童に大きな差は見られなかった。

　また，カットオフスコア16点以上を従属変数に行動を独立変数に重回帰分析（p < 0.05）したところ，小学生は，『座っていられない落ち着きがない』『いけないことをしても悪いと思わない』『暴言や暴力がある』『学習意欲がな

84

表 6.8　1 回目調査抑うつ状態のうち 2 回目調査も抑うつ状態を示す児童生徒（%）

小学生	1 年	2 年	3 年	4 年	5 年	6 年	全体	男子	女子
	33.3	41.8	43.2	60.0	68.8	54.0	51.8	55.7	47.3

中学生	1 年	2 年	3 年	全体	男子	女子
	34.5	73.2	58.5	57.8	55.6	60.0

表 6.9　カットオフ 16 点以上の児童生徒における「いじめられても自分でやめてと言える（言えない）」「生きていることは楽しいと思う（思わない）」の割合（%）

	6 月		11 月	
小学生	そうだ	ときどきそうだ	そうだ	ときどきそうだ
いじめられても自分でやめてと言えない	33.8	48.5	29.2	51.6
生きていることは楽しいと思わない	19.5	65.7	17.3	65.4
中学生				
いじめられても自分でやめてと言えない	37.9	47.0	25.2	56.1
生きていることは楽しいと思わない	22.4	70.1	70.5	23.7

※表では，「いじめられても自分でやめてと言える」を「やめてと言えない」，「生きていることは楽しいと思う」を「楽しいと思わない」の割合を記載。

い』などの項目に関連が見られた。中学生では，『行動が年齢より幼い』『暴言や暴力がある』『休み時間に友人交流がない』などの項目に関連が見られた。

　さらに，1 回目調査で抑うつ状態を示した小・中学生のうち，2 回目も抑うつ状態を示した割合を表 6.8 に示した。小学生は，1 回目調査で抑うつ状態を示した 197 人のうち 102 人（51.8%）が，中学生では，1 回目調査で抑うつ状態を示した 135 人のうち 78 人（57.8%）が，2 回目も抑うつ状態であった。

　子ども用自己記入式抑うつ評価尺度（DSRS-C）のうち，昨年度からの追加項目「いじめられても自分でやめてと言える（言えない）」「生きていることは楽しいと思う（思わない）」について，抑うつを示す児童生徒の割合を示した（表 6.9）。2 項目の割合は，昨年度とほぼ同じであった。

3) 考　　察

　抑うつ状態は，昨年度に見られたように小学生より中学生に高くなる傾向が見られる一方で行動の表面化は低くなると考えられる。

　また，2 回の調査ともに抑うつ状態を示す小学生・中学生は，昨年同様に小学 4 年生以上のほとんどの学年で半数以上に見られ，抑うつ状態が継続している可能性が考えられる。性別と抑うつ状態の関係では，小学生は男子が少し高く，中学生では女子が少し高くなる結果が見られた。中学生女子の抑うつ状態が男子より高くなる傾向については，抑うつにおける医学的な性差の特性を示しているものと考える。

3. 2016 年度抑うつ状態と行動・背景課題の関連調査

　2015・2016 年度に抑うつ状態と行動の関連を調査し，児童生徒の抑うつ状態や行動の表出について明らかにしてきた。そこで，児童生徒の抑うつ状態と行動の関連が環境や発達年齢の影響によってどのような変化を表すかを検証し，抑うつ状態と行動の改善に向けた支援を検討することを目的とした追跡調査を実施した。

1) 研究方法

　2014 年度から調査対象であった，A 県 C 市 3 小学校の児童 1 年生から 6 年生 1,692 人と，1 中学校の生徒 1 年生から 3 年生 792 人および担任 79 人で実施した。調査内容 Birleson の子ども用自己記入式抑うつ評価尺度（DSRS-C）と，教師の行動評価（①行動が年齢より幼い，②座っていられない落ち着きがない，③やってはいけないことをしても悪いと思わない，④暴言や暴力がある，⑤物を壊す，⑥学習意欲がある（ない），⑦休み時間に友人交流がある（ない），⑧学校生活全般に元気がある（ない），の 8 項目）と「経済状況の課題」「児童虐待の課題」「家族関係の課題」「いじめ関連の課題」「発達の課題」「学力の課題」の 6 項目を追加し行った。

　「経済状況の課題」は，生活保護，就学援助受給とし，「家族関係の課題」は，

表6.10 分析対象児童生徒の内訳（人）1回目：6月 2回目：12月

小学	1年	2年	3年	4年	5年	6年	合計	男子	女子
1回目	255	252	265	282	296	312	1,664	826	838
2回目	249	255	264	287	266	309	1,630	807	823

中学	1年	2年	3年	合計	男子	女子
1回目	271	255	266	792	403	389
2回目	263	247	262	772	389	383

表6.11 DSRS-C の得点が抑うつ状態を示す児童生徒（％）1回目：6月 2回目：12月

小学	1年	2年	3年	4年	5年	6年	全体	男子	女子
1回目	9.4	13.9	10.2	9.9	7.1	9.6	9.9	9.4	10.4
2回目	20.1	12.9	12.9	12.8	11.7	8.4	12.9	11.1	14.6

中学	1年	2年	3年	全体	男子	女子
1回目	14.5	13.3	15.4	14.4	14.0	14.2
2回目	17.5	19.4	21.0	19.3	18.5	20.1

家族もしくは父母の不仲，疾患などとし，「いじめ関連の課題」は，いじめに関与した児童生徒とした。「発達の課題」は，診断があるもしくは学習面や行動面で著しい困難を示す発達障害の可能性があるとした。

　DSRS-C は，フルスコア36点でカットオフスコア16点以上を抑うつ状態とした調査は，2016年6月，12月の2回実施した。

　分析は，有効回答を対象に行った（表6.10）。統計解析ソフト SPSS20.0 を使用して行った。

2）調査結果

　小学生の抑うつ状態は，全児童の中で1回目は9.9％，2回目は12.9％に見られた。1・2回とも性別や小学校の差はほとんどなかった。1回目の2年生の抑うつ状態は他学年に比べ少し高い状態であった。1回目と2回目を比較したとき抑うつ状態の割合は，ほとんどの学年で2回目が高くなっていた。とくに

表 6.12　1 回目調査抑うつ状態のうち 2 回目調査も抑うつ状態を示す児童生徒（%）

小学	1 年	2 年	3 年	4 年	5 年	6 年	全体
	57.9	33.3	44.4	75.0	47.3	40.0	49.7

中学	1 年	2 年	3 年	全体
	48.7	72.7	72.5	64.6

　1 年生では 2 回目では，1 回目の 2 倍強となっていた（表 6.11）。以前の調査でも 1 年生は 2 回目で抑うつ状態が高くなる傾向が見られた。

　中学生では，学年，性別ともにほとんど差はなく，1 回目は全生徒の 14.4% が 2 回目は 19.3% が抑うつ状態であった。中学生も過去と同様に，1 年生は 2 回目で抑うつ状態が高くなる状況が見られた。また，男子より女子が高くなる傾向も同じであった（表 6.11）。

　また，問題行動について出現の割合（%）を，抑うつ状態の有無で比較すると，1・2 回とも抑うつ状態の小学生は抑うつ状態でない児童の約 2〜3 倍の出現であった。中学生においては抑うつ状態の有無にかかわらず問題行動は，行動評価①から⑤の出現はほぼ同じであった。しかし，⑥と⑦については抑うつ状態の中学生は抑うつ状態でない生徒の約 3 倍，⑧においては 1・2 回とも 10 倍以上という結果が出た。小学生と中学生では抑うつ状態による行動の表出に違いが見られた。

　そして，昨年度抑うつ状態を示した小・中学生のうち，約半数近くが今年度の 1 回目調査に抑うつ状態が表れていた。1 回目抑うつ状態の小・中学生のうち 2 回目も抑うつ状態を示した児童生徒の割合を表 6.12 に示した。

　抑うつ状態と行動の相関分析について表 6.13 に示した。小学生と中学生の抑うつ状態と行動の関連に大きな違いが見られた。中学生は，過去と同様に『学習意欲がない』『休み時間に友人交流がない』『学校生活全般に元気がない』状態像が見られた。

　また，抑うつ状態と背景課題の相関分析について表 6.14 に示した。小学生では，1 回目の調査時には「家族関係の課題」「発達の課題」において相関を

表6.13　抑うつ状態と行動の相関分析　1回目：6月　2回目：12月

DSRS-C		行動①	行動②	行動③	行動④	行動⑤	行動⑥	行動⑦	行動⑧
抑うつ状態 （1回目）	小学生 N=1,664	.123**	.069**	.083**	.069**	.034	.078**	.142**	.078**
	中学生 N=792	.011	-.014	.041	.047	.006	.138**	.162**	.166**
DSRS-C		行動①	行動②	行動③	行動④	行動⑤	行動⑥	行動⑦	行動⑧
抑うつ状態 （2回目）	小学生 N=1,630	.105**	.040	.071**	.076**	.063*	.050*	.173**	.118**
	中学生 N=772	-.019	-.008	-.012	-.018	-.019	.117**	.176**	.197**

表内の数値は相関係数を示す。　**p<.01，　*p<.05

※行動：①行動が年齢より幼い，②座っていられない落ち着きがない，③やってはいけないことをしても悪いと思わない，④暴言や暴力がある，⑤物を壊す，⑥学習意欲がない，⑦休み時間に友人交流がない，⑧学校生活全般に元気がない　である。

示したが，2回目では「児童虐待の課題」「家族の課題」「発達の課題」「学力の課題」に相関が見られた。中学生では，1回目の調査では「家族の課題」「いじめ関連の課題」「発達の課題」「学力の課題」に相関を示したが，2回目においては「発達の課題」「学力の課題」に相関がみられた。「家族の課題」や「いじめ関連の課題」などは，調査時期に見られ，改善している等が考えられる。

　DSRS-Cを18項目のうち「生きていることは楽しいと思う」項目において，カットオフ16点以上の抑うつ状態を示す児童生徒の「生きていることは楽しいと思わない」割合が高い。「そうだ」と「ときどきそうだ」を合わせると，小学生では約8割の児童が，中学生では約8〜9割を占める（表6.15）。小学生も高い割合で「生きていることは楽しいと思わない」ことが明らかになったが，中学生になるとその状況は発達年齢（思春期）の影響もあり，さらに高まりを見せる。抑うつ状態を示さない児童生徒においては，「生きていることは，いつも楽しいと思う」の割合は，小学生では約8割強，中学生では約7割であった。

表 6.14　抑うつ状態と背景課題の相関分析　1 回目：6 月　2 回目：12 月

DSRS-C		経済状況の課題	児童虐待の課題	家族関係の課題	いじめ関連の課題	発達の課題	学力の課題
抑うつ状態（1 回目）	小学生 N=1,664	.047	.042	.078**	.019	.050*	-.008
	中学生 N=792	.065	-.005	.087*	.088*	.111**	.165**
抑うつ状態（2 回目）	小学生 N=1,630	.037	.104**	.094**	.036	.056*	.076**
	中学生 N=772	.039	.031	.055	.041	.091*	.103**

表内の数値は相関係数を示す。**p<.01，*p<.05

※「経済状況の課題」は生活保護，就学援助受給とし，「家族関係の課題」は，家族もしく
　は父母の不仲，疾患などとし，「いじめ関連の課題」は，いじめに関与した児童生徒とした。
　「発達の課題」は，診断があるもしくは学習面や行動面で著しい困難を示す発達障害の可
　能性があるとした。

表 6.15　「生きていることは楽しいと思う（思わない）」の児童生徒割合（%）

	1 回目（6 月）		2 回目（12 月）	
小学生	そうだ	ときどきそうだ	そうだ	ときどきそうだ
抑うつ状態を示す	18.8	59.4	24.3	58.1
抑うつ状態を示さない	1.1	15.8	0.7	18.0
中学生				
抑うつ状態を示す	22.8	70.2	24.2	68.5
抑うつ状態を示さない	1.5	27.3	1.1	29.4

※表では，「生きていることは楽しいと思う」の項目を「楽しいと思わない」児童生徒の割
　合で表記。

3）考　察

　研究対象の児童生徒追跡調査を行うことで，学年を問わず抑うつ状態が継続
している児童生徒が多くいること，抑うつ状態が継続していることで学校生活
に困り感を抱えていることが示唆された。また，抑うつ状態と行動に関連があ

り，抑うつによる小学生の行動表出と中学生の行動表出に違いが見られ，発達段階による医学的な臨床症状の特性を示していることが明らかになった。動的行動が見られると，教師や周囲の大人は行動に気づきやすいが，集団不適応といった問題的な行動に受け取られやすく，時として子どもの状態に適応しない指導や支援が行われている可能性も考えなくてはならない。また，抑うつ状態が見えにくい状況，「大人しい」「落ち着いている」「少し元気はないようだが思春期の傾向だろう」などのように受け止められてしまう場合は，子どものSOSに気が付かないことがある。この状態が長引き，集団に入りにくい，対人関係が不安，学校に行けない，外出できないなどの状態につながりやすい。

また，「生きていることは楽しいと思わない」と感じる児童生徒が，抑うつ状態を示す場合，日常的に約4人に1人に現れていることに危惧する。この項目が示す数値については喫緊の課題である。

抑うつ状態と背景課題の関係では，家庭に関するものと学校に関するものが明らかになった。家庭に関する支援については，校内のスクールソーシャルワーカー，スクールカウンセラーや他機関の連携の中進めていく必要がある。一方で学校に関する課題として発達の課題や学力の課題としては，校内のスクールソーシャルワーカー，スクールカウンセラーや他機関の連携も必要ではあるが，校内で子どもの状況理解はもちろんのこと，学習，授業の工夫や配慮，環境整備，教育相談体制，組織的共有・支援など教育現場ができること，しなければならないことがある。

さらに，児童生徒の変化に関しての教師の気づき，周囲の大人の気づきが求められる。子どもの変化，言動，状態に敏感になることが重要である。

第7章 市内小学校・中学校の全児童生徒を対象とした大規模調査

　2018年度に科研費基盤研究C（18K02156）「児童生徒の問題行動予防プログラムの構築―問題行動と抑うつの関連に着目して―」が採択され2018，2019年度は2016年度から追跡調査を実施している3小学校1中学校の調査を実施した。追跡調査を実施していた2019年12月以降コロナ感染症が拡大した。コロナ感染予防の影響は，児童生徒の学校生活にも大きな変化をもたらした。国立成育医療研究センターなどにおいて「新型コロナウイルス感染症の拡大で，子どもたちは多くのストレスを抱えている」と提唱。そこで，2020年度に追跡調査を行っていたC市教育委員会内の13小学校と5中学校の全児童生徒を対象として，抑うつ状態と行動，背景課題についての大規模調査を行った。

　第7章では，コロナ禍の児童生徒の抑うつ状態と行動，背景課題を比較するために，

1. 2019年度追跡調査：2016年から実施したDSRS-C（18項目）と行動，背景課題の関連調査（小学1～6年生と中学1～3年生を対象として年2回の調査）
2. 2020年度に実施した市内小学校・中学校の全児童生徒を対象とした調査について記述する。

1. 2019年度追跡調査

1）研究方法

　A県C市の1中学校788人と3小学校1,710人の全児童生徒に抑うつ状態（Birlesonの子ども用自己記入式抑うつ評価尺度：DSRS-C）と担任96人を対象に児童生徒の行動（行動の幼さ，落ち着き，学習意欲，休み時間，元気等8項目），学習，経済，家族等の課題について2016年から実施している内容で質問紙調査を行った。調査は，2019年7月（1回目）と12月（2回目）に校内で一斉に実施した。分析は，有効回答の児童生徒1回目2,466人，2回目2,447人（表7.1）と担任96人を対象として統計解析ソフトSPSS26.0を用い行った。本研

表7.1　分析対象児童生徒の内訳（人）　1回目:7月　2回目:12月

小学	1年	2年	3年	4年	5年	6年	合計	男子	女子
1回目	298	320	293	246	271	256	1,684	825	859
2回目	304	313	290	246	274	250	1,677	823	854

中学	1年	2年	3年	合計	男子	女子
1回目	245	266	271	782	415	367
2回目	239	265	266	770	407	363

究は科研費基盤研究 C（18K02156）により実施し，岡山県立大学研究倫理委員会の承認を受けている。

2) 研究結果

　小学生の抑うつ状態は，全児童の1回目は11.5%，2回目は12.9%に見られた。1・2回とも性別や小学校の差はほとんどなかった。1回目1年生の抑うつ状態は他学年に比べ少し高い状態であった。1回目と2回目を比較したとき抑うつ状態の割合は，ほとんどの学年で2回目が高くなっていた。（表7.2）。以前の調査でも2回目で抑うつ状態が高くなる傾向が見られた。

　中学生では，学年，性別ともにほとんど差はなく，1回目は全生徒の13.1%が2回目は11.6%が抑うつ状態であった。また，男子より女子が高くなる傾向も同じであった（表7.2）。

　1回目抑うつ状態の小学生のうち約40%が2回目も抑うつ状態を示した。とくに6年生で2回目も抑うつ状態を示した児童は約64%と他学年より高かった。中学生は約67%が2回目も抑うつ状態であり，そのうちの約70%は昨年度も抑うつ状態を示していた。また，小学6年での抑うつ状態が見られ，中学1年生で2回とも抑うつ状態を示した生徒は約53%であった。

　抑うつ状態と行動・背景課題の項目の関連について相関分析を行った（表7.3・4）。小学生では，2回目の調査時には「座っていられない，落ち着きがな

表 7.2　DSRS-C の得点が抑うつ状態を示す児童生徒（%）1 回目：7 月　2 回目：12 月

小学	1 年	2 年	3 年	4 年	5 年	6 年	全体	男子	女子
1 回目	14.8	9.9	10.3	12.2	10.6	11.2	11.5	10.6	12.3
2 回目	12.1	12.5	13.3	13.8	12.2	14.1	12.9	13.1	12.9

中学	1 年	2 年	3 年	全体	男子	女子
1 回目	10.9	11.7	16.5	13.1	9.9	16.1
2 回目	10.2	9.4	15.1	11.6	9.7	13.7

表 7.3　抑うつ状態と行動の相関分析　1 回目：7 月　2 回目：12 月

DSRS-C		行動①	行動②	行動③	行動④	行動⑤	行動⑥	行動⑦	行動⑧
抑うつ状態 （1 回目）	小学生 N=1,664	.097**	.068**	.072**	.051*	.087**	.085**	.124**	.087**
	中学生 N=792	.112**	-.034	.056	.010	-.002	.113**	.238**	.231**
DSRS-C		行動①	行動②	行動③	行動④	行動⑤	行動⑥	行動⑦	行動⑧
抑うつ状態 （2 回目）	小学生 N=1,630	.083**	.042	.030	.028	.067**	.072**	.093**	.118**
	中学生 N=772	.095**	-.019	.021	.035	.057	.128**	.190**	.218**

表内の数値は相関係数を示す．**p<.01，*p<.05
※行動：①行動が年齢より幼い，②座っていられない落ち着きがない，③やってはいけないことをしても悪いと思わない，④暴言や暴力がある，⑤物を壊す，⑥学習意欲がない，⑦休み時間に友人交流がない，⑧学校生活全般に元気がないである。

い」「いけないことをしても悪いと思わない」「暴言や暴力がある」の項目に相関が見られなかった。中学生は，1・2 回とも行動との相関は同じ項目にみられた。また，抑うつ状態と背景課題では，小学生・中学生とも「家族関係の課題」「児童虐待の課題」「発達の課題」「学力の課題」などに相関が見られた。

　DSRS-C を 18 項目のうち「生きていることは楽しいと思う」項目において，カットオフ 16 点以上の抑うつ状態を示す児童生徒の「生きていることが楽しくないと思う」割合が高い。「そうだ」と「ときどきそうだ」を合わせると，

表7.4　抑うつ状態と背景課題の相関分析　1回目：7月　2回目：12月

DSRS-C		経済状況の課題	児童虐待の課題	家族関係の課題	いじめ関連の課題	発達の課題	学力の課題
抑うつ状態(1回目)	小学生N=1,664	.034	.042	.059*	.085**	.117**	.086**
	中学生N=792	.096**	.206**	.119**	.031	.137**	.090*
抑うつ状態(2回目)	小学生N=1,630	.018	.024	.095**	.017	.067**	.060*
	中学生N=772	.038	.222**	.112**	-.011	.025	.080*

表内の数値は相関係数を示す。**p<.01，*p<.05

※「経済状況の課題」は生活保護，就学援助受給とし，「家族関係の課題」は，家族もしくは父母の不仲，疾患などとし，「いじめ関連の課題」は，いじめに関与した児童生徒とした。「発達の課題」は，診断があるもしくは学習面や行動面で著しい困難を示す発達障害の可能性があるとした。

表7.5　「生きていることは楽しいと思う（思わない）」の児童生徒割合（%）

	1回目（7月）		2回目（12月）	
小学生	そうだ	ときどきそうだ	そうだ	ときどきそうだ
抑うつ状態を示す	22.8	72.3	18.1	62.2
抑うつ状態を示さない	1.4	23.8	1.2	18.5
中学生				
抑うつ状態を示す	29.7	61.5	23.9	52.3
抑うつ状態を示さない	0.3	22.4	1.3	16.4

※表では，「生きていることは楽しいと思う」の項目を「楽しいと思わない」児童生徒の割合で表記。

小学生・中学生ともに約8～9割を占める（表7.5）。抑うつ状態を示さない児童生徒においては，「生きていることは，（いつも）楽しいと思う」の割合は，小学生・中学生とも約8割であった。

3) 考　　察

　児童生徒の行動に抑うつ状態が関連していること，さらに抑うつ状態の継続率が高いこと，抑うつに経済状況，児童虐待，家族関係，学力課題等の影響が示唆された。小・中学生では，表出される行動に変化が見られた。児童生徒の調査結果をフィードバックするときには，抑うつ状態の継続が予測されること，それに伴うメンタルヘルスの課題（問題行動・不登校・ひきこもり・自傷・希死念慮など）を情報として伝え，子どものかかわり方についてロールプレイなどを交えた研修を行った。

　指導と支援の方法について教師とともに検討した。クラス環境も見直していった。生徒指導の面だけでなく，授業時の配慮・工夫についても話し合った。追跡調査を行い，教師に調査結果をフィードバックすることで，「対応が大変な子ども」から「子どもの対応は大変だとしても，子ども自身の困り感が理解できた」「子どもの状況を分かった対応の工夫が必要だ」「クラスが落ち着く環境整備が必要だ」などの声が多く上がった。

　子どもたちの問題行動や不登校などは多様な背景課題が存在していることから，メンタルヘルス，教育，家庭への包括的な取り組みがなければ，問題行動や不登校などの予防・改善にはつながらないであろう。

※本研究は，第79回日本公衆衛生学会（2020）「児童生徒の問題行動に関する研究―問題行動と抑うつの関連に着目して―」で発表している。

2. 市内小学校・中学校の全児童生徒を対象とした大規模調査

　2019年に実施した調査を基にした子ども理解や学校対応に関心を示す学校が増えたこともあり，C市の市教育委員会および市内小学校・中学校の研究協力が得られることになった。2020年度に市内小学校・中学校の全児童生徒を対象とした大規模調査を実施することにした。

　この時期，新型コロナ感染症は，児童生徒の学校生活に変化をもたらし，「感染症の拡大で，子どもたちは多くのストレスを抱えている」といわれた。

表7.6　分析対象児童生徒の内訳（人）

小学	1 年	2 年	3 年	4 年	5 年	6 年	合計	男子	女子
	1,391	1,372	1,345	1,331	1,281	1,272	7,992	4,027	3,965

中学	1 年	2 年	3 年	合計	男子	女子
	1,070	1,036	959	3,065	1,583	1,482

コロナ禍による学校や家庭環境の変化が子どもたちにどのような変化をもたらしたかを含め，今までの追跡調査と比較し検討する。

　本研究は科研費基盤研究 C（18K02156）により実施し，岡山県立大学研究倫理委員会の承認を受けている。

1）研究方法

　A 県 C 市の 13 小学校（児童 8,013 人）と 5 中学校（生徒 3,094 人）に，抑うつ調査（Birleson の子ども用自己記入式抑うつ評価尺度：DSRS-C）と担任 435 人を対象に児童生徒の行動（行動の幼さ，落ち着き，学習意欲，休み時間，元気等 8 項目），学習，経済，家族等の課題（6 項目）について昨年度と同様の質問紙調査を行った。

　調査時期は，2020 年 6 月中旬（コロナ感染予防により 4 月 10 日～5 月 31 日まで休校，その間 5 月 4 日～5 月 31 日は分散登校。6 月 1 日より学校教育活動が再開。）に行った。

　分析は，質問紙調査有効回答の小学生 7,992 人と中学生 3,065 人を対象に統計解析ソフト SPSS26.0 を用いて行った（表7.6）。

2）調査結果

　小学生の抑うつ状態は，高学年で少し高く表れるが，2019 年の調査結果とほぼ同じ状況であった。男女差の傾向もほぼ同じであった。学校差は，ほとんど見られなかった。

　中学生の抑うつ状態は，各学年とも昨年より高めであった。中学 3 年生で高

表 7.7　DSRS-C の得点が抑うつ状態を示す児童生徒（%）

小学	1 年	2 年	3 年	4 年	5 年	6 年	全体	男子	女子
	11.2	11.2	10.8	11.0	12.6	13.6	11.7	11.5	11.9

中学	1 年	2 年	3 年	全体	男子	女子
	13.4	14.3	18.8	15.4	13.0	17.7

表 7.8　抑うつ状態と行動の相関分析

DSRS-C		行動①	行動②	行動③	行動④	行動⑤	行動⑥	行動⑦	行動⑧
抑うつ状態	小学生 N=7992	.068**	.070**	.046**	.054**	.047**	.094**	.098**	.093**
	中学生 N=3065	.055**	-.009	.031	.006	.002	.117**	.149**	.157**

表内の数値は相関係数を示す。**p<.01，*p<.05
※行動：①行動が年齢より幼い，②座っていられない落ち着きがない，③やってはいけないことをしても悪いと思わない，④暴言や暴力がある，⑤物を壊す，⑥学習意欲がない，⑦休み時間に友人交流がない，⑧学校生活全般に元気がない，である。

く表れるのは昨年と同じであり，女子が男子より高いのも同様に見られた（表7.7）。

　抑うつ状態と行動・背景課題の関連について相関分析を行った（表7.8）。抑うつと行動の関連は，低・中学年では「座っていられない，落ち着きがない」「暴言・暴力がある」「物を壊す」など動的行動に表れ，高学年以降中学生では「学習意欲がない」「休み時間に友人交流がない」「学校生活全般に元気がない」の抑うつ症状のような行動へと移行していた。中学生では「行動が年齢より幼い」「学習意欲がない」「休み時間に友人交流がない」「学校生活全般に元気がない」に，相関が見られた。

　抑うつと背景課題の相関分析（表7.9）では，小学生・中学生とも全項目に関連が見られた。2019 年 12 月調査では見られなかった経済的課題のほか児童虐待，いじめ関連，発達などの課題にも強い正の相関が見られた。

　DSRS-C を 18 項目のうち「生きていることは楽しいと思う」項目において，

表7.9 抑うつ状態と背景課題の相関分析

DSRS-C		経済状況の課題	児童虐待の課題	家族関係の課題	いじめ関連の課題	発達の課題	学力の課題
抑うつ状態	小学生 N=7992	.030**	.030**	.048**	.049**	.078**	.063**
	中学生 N=3065	.052**	.070**	.081**	.045*	.119**	.120*

表内の数値は相関係数を示す。**p<.01，*p<.05

※「経済状況の課題」は生活保護，就学援助受給とし，「家族関係の課題」は，家族もしくは父母の不仲，疾患などとし，「いじめ関連の課題」は，いじめに関与した児童生徒とした。「発達の課題」は，診断があるもしくは学習面や行動面で著しい困難を示す発達障害の可能性があるとした。

表7.10 「生きていることは楽しいと思う（思わない）」の児童生徒割合（%）

	小学生		中学生	
小学生	そうだ	ときどきそうだ	そうだ	ときどきそうだ
抑うつ状態を示す	19.6	57.8	18.4	71.4
抑うつ状態を示さない	1.1	16.2	0.7	20.5

※表では，「生きていることは楽しいと思う」の項目を「楽しいと思わない」児童生徒の割合で表記。

カットオフ16点以上の抑うつ状態を示す児童生徒の「生きていることが楽しいと思わない」割合が昨年度と同様に高い。「そうだ」と「ときどきそうだ」を合わせると，小学生では，約8割弱，中学生では約9割である（表7.10）。抑うつ状態を示さない児童生徒においては，「生きていることは，（いつも）楽しいと思う」の割合は，小学生・中学生とも約8割で昨年とほぼ同じような状況が見られた。

抑うつ状態の継続を見ると，昨年度調査対象であった児童生徒のうち，昨年度の調査も今回の調査も抑うつ状態を示した小学生は約45%，中学生は約60%であった。この状況も昨年度とほぼ同じである。

3）考　　察

　大規模調査においても，小学生の抑うつ状態については，コロナ禍以前とほぼ変わらない状態であった。コロナ禍で，メンタルヘルスへの影響はあったと思われるが，学校教育が再開して 10～14 日を経過していることから抑うつ状態が回復している可能性も考えられる。一方で中学生は，1・2 年生でコロナ禍以前より約 2％高く，全体で見ると高めとなった。性差については，男子はほぼ変わらず，女子が高めとなり，学校教育再開後も抑うつ状態が持続している生徒がいる可能性がある。

　抑うつ状態と行動の関連では，学年，校種により表出の差はあるものの，コロナ禍前後で大きな差はない。しかし「生きていることは楽しいと思う」の項目では，抑うつ状態を表す子どもでは「生きていることは楽しいと思わない」ということが顕著な状態であり，支援対策が重要な課題である。

　新型コロナ感染症は，「子どもたちは多くのストレスを抱えている」といわれているが，子どもたちにどのような状態が生じているのかは明らかではない。『世界子供白書 2021』では，コロナ禍において 10 代の若者 7 人に 1 人が心の病であると警鐘を鳴らしている。また，『自傷・自殺する子どもたち』（松本）は，10 代の子ども 10 人に 1 人にリストカット経験があり，そのうち大人が気づけるのは 3％だとしている。

　新型コロナウイルス感染症は，2023（令和 5）年 5 月 8 日から「5 類感染症」となったものの，子どもの抑うつ状態と行動・背景課題に関する研究を続けてきた筆者からすれば，コロナ感染症の影響が子どものメンタルヘルスに影響していたことは確かであるが，コロナ感染症が落ち着いたことで，子どもの抑うつ状態が改善したとは決していえない。子どもの抑うつ状態は，社会，学校，家庭環境の影響を受け，増加し継続していることは確かである。それは，子どもの行動に影響し，学校生活の維持に困難を来たしているのではないかと考える。

　また，抑うつ状態と背景課題の関連について，小学生では，2019 年度に見られなかった経済的，児童虐待，いじめ，発達課題に，中学生では発達，学力

課題にも強い正の相関（p＜.01）があった。この結果については，コロナ感染による経済状況や家庭環境の変化，学校現場の学習環境などが影響したのではないかと考えられる。言い換えれば，子どもたちにとって環境変化はメンタルヘルスに大きな影響を与えるということである。子どもが安心して生活できる社会，学校，家庭環境が重要なことはいうまでもない。

　メンタルヘルス課題である抑うつ状態は，高学年になるにつれて高く出現しているが，行動面からは抑うつ症状は見過ごされやすいと思われる。それは，学校が課題にする動的な問題行動の表出とは異なるからである。抑つ状態が高まれば，集団生活や対人関係，学習に影響が出てくるのは確かである。さらに集団生活や対人関係，学習の困難さが高まり，不登校状態（不登校は状態像である）を生じてしまいやすくなる。

　学校現場における抑うつ状態の理解・気づき・校内体制・保護者，関係機関連携などを含めた支援体制が必要である。

※本研究は，下記の集会・学会にて一部を発表している。
第67回日本小児保健協会学術集会（2021）『児童生徒の問題行動の要因に関する研究～抑うつと児童生徒が抱える課題の関連から～』（2021年日本小児保健協会学術集会優秀演題賞受賞）
第80回日本公衆衛生学会（2021）『コロナ禍における児童生徒の抑うつ状態と行動および背景課題に関する研究』

第**8**章 「うつ」という子どもの SOS

1. 子どもの抑うつ状態と問題行動・不登校

　2009～2020 年度に行った調査では，対象小学生の 10～14％（平均約 12％）程度に抑うつ状態を示すことが明らかになった。抑うつ状態を示す小学生は，調査時期が新しいものほど高くなっている。また，先行研究（村田ら 1996；傳田 2004）では，抑うつ状態を示す割合は約 10％弱の報告がされているが，その頃と比較するとかなりの上昇がみられる。また，先行研究では学年が低いほど抑うつ状態が低く，学年が上がるほどに抑うつ状態は増加するといわれているが，学年が上がるにつれ抑うつ状態の割合が高くなる傾向はみられるものの低学年であっても高い抑うつ状態を示している。調査では，4 年生の学年で抑うつ状態が高くなることが多い。小学生 4 年生の子どもが成長過程でぶつかる精神面あるいは学習面における葛藤が影響しているように思われる。小学生では，男女差はほとんど見られなかった。

　調査対象の中学生では，約 12～19％（平均約 15％）の高い割合で抑うつ状態が表れていた。また，女子のほうが男子に比べ高い抑うつ状態を示した。学年が上がると抑うつ状態が増える傾向にあり，高校進学問題や抑うつが発症しやすい時期などが影響していると思われる。

　小学生・中学生とも年 2 回の調査では，2 回目の調査（11～12 月）で抑うつ状態が高くなる傾向が見られた。

　年 2 回の両調査ともに抑うつ状態を示す小学生は約 40～45％，中学生では 60～65％存在した。この状況から，児童生徒の中に抑うつ状態が継続している可能性が高いと考えられる。また，抑うつ状態の児童生徒のうち「生きていることは楽しいと思わない」と回答する児童生徒の割合が高く喫緊の課題である。

　近年の児童生徒の自殺は増加傾向にある。うつは，自殺の要因となりうるものである。さらに，子どものうつは気づかれにくいところがあり，子どもの抑

うつ状態が高くなる傾向を考えると自殺予防を含めた，子どものうつ対策が必要である。

　抑うつ状態と行動との関連において，学校生活・集団生活の困難を生じさせているような行動，言い換えれば学校という集団生活の場面において不適切な場面で表れたり，発達的に見て適切でない行動等は，小学校の低・中学年で表れやすい。その後，学年が上がり教育現場が問題行動として捉えている行動は改善したかのように見えるが，実際には，抑うつの主症状である元気がない等の行動となり表出されているのではないかと考える。すなわち，発達段階によって，抑うつによる行動が学校という集団生活の中で異なった状態で表出され，学校生活において不適応を起こす児童生徒の行動として捉えられている可能性がある。小学生の低・中学年では，「行動が年齢より幼い」「落ち着きがない，座ってられない」「暴言・暴力がある」などの動的行動である問題行動に表れ，高学年以降中学生では「学習意欲がない」「休み時間の友人交流がない」「学校生活全般に元気がない」の抑うつの主症状のような行動へと移行していた。抑うつ症状に様子が表れだすと，集団生活である学校生活が辛くなり，対人関係や登校などに支障が出やすくなる。行動が表面化しないことで，教師や周囲の大人が児童生徒の学校生活の困り感に気づきにくい状況が起きている。
　学校現場における観察の視点（集団における適応重視の視点）の見直しと可視化，教育現場が課題と考える問題行動や不登校だけでなく，メンタルヘルスの支援を拡大する必要性がある。

2. 「うつ」という子どものSOS

　学校現場における児童生徒の問題行動や不登校などの増加は，子どもの抑うつ状態の表れ，SOSであるといっても言い過ぎでないように思っている。しかし，現在も学校現場では問題行動や不登校という事象に着目し，事象の改善を図ろうとする傾向にある。事象はあくまで結果であって，事象の背景に着目しなければ課題の改善には至らない。不登校，いじめ，無気力傾向，対人関係

の問題や暴力行為などの現状（結果）と子どもたちの置かれている環境には，子どもの QOL の低下が見えてくる。QOL の低下を招いている子どもの不適応行動の要因の一つに，子どもの抑うつ状態が考えられるのである。

　今まで，これらの子どもの行動を社会病理や教育病理で考えてきた傾向があった。もちろん子どもの行動を社会病理や教育病理で捉えることは子どもの行動を理解する重要な側面である。しかし，不登校やいじめ，無気力傾向や対人関係の問題や暴力行為など，子どもの抑うつへの視点を持ちつつ支援していくことが必要であると考える。

　現在は，『うつの時代』と言われる社会状況であり，うつ病に関する正しい理解と対応を学校の中で教えていく必要があるだろう。抑うつという視点から，児童生徒の問題行動や不登校を見直すことが予防や支援につながる。子どもが行動で発信する「うつ」という SOS を教師や周囲の大人は受け止めることが必要である。

　また，抑うつ状態の背景には，社会・学校・家庭の課題が影響していることが研究で明らかになった。コロナ禍では経済的課題，児童虐待，学習の課題が抑うつ状態との相関に強く表れるなど，まさしく社会・学校・家庭環境が子どものメンタルヘルスに影響している。さらに，抑うつ状態が継続している要因には，児童生徒だけでは改善することが難しい経済状況，家族関係，学力の課題などが，影響していることが予測できる。問題改善への包括的サポートが重要である。

3. メンタルヘルスの課題と対策

学校現場におけるメンタルヘルスの現状から課題と対策を考える。

① 健康問題の背景要因として，メンタルヘルスに関する問題が増加，さらに低年齢化していることから，学校におけるメンタルヘルスサポートが重要である。

② 生徒指導・教育相談上の問題における改善を目指すために，生徒指導・教育相談上の問題にメンタルヘルスの関与があることの理解を教職員全体に

促す必要がある。

③　健康問題に関して，精神科，心療内科，小児科などへの医療機関連携が必要であり，健康問題に対する養護教諭の専門性の向上が必要である。

④　子どものメンタルヘルスサポート充実のため，地域関係機関や家族との連携が必要である。

⑤　生徒指導・教育相談上の問題が多様化・深刻化し増加する現状に対し，校内組織体制および危機管理体制（リスクマネジメント・クライシスマネジメント）の構築を図ることが必要である。生徒指導・教育相談上の問題に関してのメンタルヘルスの視点を取り入れた校内組織体制つくりが求められる。

⑥　子どものこころの不健康を予防，早期発見するために養護教諭，教師の健康観察力を向上することが必要である。

以上の課題に対する対策として，1. 相談しやすい学校環境，安定した学校環境，2. 養護教諭の専門性の向上と複数配置，3. 教職員のメンタルヘルスへの理解，4. 教職員による健康観察力の向上，5. 連携（関係機関・家庭・地域），6. 校内組織体制および危機管理体制（リスクマネジメント・クライシスマネジメント）の構築があげられる。

1）相談しやすい学校環境，安定した学校環境

　子どものメンタルヘルス課題において，子ども自らが相談しやすい環境づくりが不可欠である。学校現場では，教育相談の期間などが設けられているが，設定された相談だけでなく，子どもが相談したいと思った時に気軽に相談できる環境である。「これぐらいのことで相談していいのかな」「ちょっと気になることがある」などに対して相談できる場所，時間の確保である。場所や時間の確保は必然であるが，それ以上に教職員と子どもの関係が重要である。相談したいと思うのは，子どもが安心できる，信頼できる教職員である。そこで，教職員が子どもの話を聴く力をつけることが必要である。教職員としてのカウンセリング力である。また，子どものニーズが何かを理解するために，教職員と

してのソーシャルワーク力が必要である。相談しやすい学校環境には，子ども
が話したくなる教職員が求められるのである。

　さらに，安定した学校環境においては，教室内外の環境が落ち着いているこ
とが重要である。落ち着いた環境づくりでは，物の配置や掲示物，座席の並び
方，間隔，ロッカーの中などを整理することで環境が安定することを，組織的
に意識することが大切である。安定した学校環境には，授業や生徒指導のあり
方も含まれる。教師の教育力，個別・集団への指導力，支援力を向上させるこ
とが必要である。日頃から，しっかりと子どもと向き合える教職員を育てるこ
とが重要である。

　相談しやすい学校環境，安定した学校環境づくりは，組織としての取り組み，
教育委員会のサポートが必要となる。

2) 養護教諭の専門性の向上と複数配置

　「児童生徒の健康の保持増進」を目標とした教育活動である学校保健は，「心
身ともに健康な児童生徒の育成」を目標にする学校教育の基盤として重要な役
割を担う。近年の，生徒指導・教育相談上の問題が増加する教育現場で，養護
教諭は学校保健に対する専門性と技術に基づき，一方で教育者として子どもた
ちに関わっていくことが求められている。具体的に教育現場のニーズから考え
ると，傷病の応急処置や看護はもちろんのこと，①専門的で医学的，看護的な
知識をもって子どもの観察を行い，アセスメントできる力，②相談活動の体制
作りとカウンセリング能力，③情報収集，情報発信力，④子どもの育ちに関わ
る教育力，個別・集団への指導力，⑤校内外への連携力やコーディネート力が
必要である。言い換えれば，これら専門的な能力をもっているから，校内組織
体制のなかで，教職員と協働し子どもを支えていくことができる存在となる。
以前のように，身体の健康の保持増進が中心だった養護教諭の活動から，現在
のニーズに適応した養護教諭の機能が必要となる。それは，生徒指導・教育相
談上の問題の背景にあるこころの健康部分に注目し，メンタルヘルスの視点を
もって，子どもの抱えるメンタルヘルス問題をアセスメントし校内に発信して

いく力，連携・コーディネートしていく養護教諭の機能なのである。

　しかしながら，近年の養護教諭養成教育においては，一般教諭の養成教育に近づき，養護専門教科が減少し，教職専門に重点が置かれる傾向があり，教育現場が求めている養護教諭の専門性とは相反するところがある。さらに，子どものメンタルヘルスに関する問題の増加，教師以外のカウンセラーやソーシャルワーカーなど専門職の常勤化が困難な状況下にあって，養護教諭に求められる能力にも変化が生じている。教育現場で活動する養護教諭は，子どもの健康問題におけるニーズの変化に伴って，養護教諭としての専門性・能力の向上を図る必要がある。そのため，養護教諭の専門分野である身体医学や精神医学だけでなく，さらには養護教諭の立場でのカウンセリング技術，ソーシャルワーク技術が不可欠であり，それには，積極的な文部科学省や教育委員会の研修事業が必要である。

　また，保健室利用の増加，多様化・深刻化した子どもの健康問題のニーズを考えると，養護教諭の複数配置の拡充が必要である。現在，複数配置の基準は，小学校 851 人以上，中学校 801 人以上であり，この基準を下げることが望まれる。国・自治体レベルでの対策と検討が急がれるべきである。

3) 教職員のメンタルヘルスへの理解

　1990 年代，教師が対応しているにもかかわらず，一向に減少することのない不登校やいじめが社会問題化したことで，1995 年に文部省（現文部科学省）は「スクールカウンセラー活用調査研究委託事業」によって，スクールカウンセラーを学校に配置した。この時期，学校に教師以外の多職種が入るというのは画期的なことであった。スクールカウンセラーは，子どもや親のパーソナリティへのアプローチを行う専門家として，教育現場は力強い支援者を得ることになった。しかし，スクールカウンセラーの導入で，教師の子どもへの理解，問題行動への理解が大きく変化をしたかというと，そこには至らなかった。なぜなら，教育現場にスクールカウンセラーの専門性に対する認識ができたことによって，教師とスクールカウンセラーの分業ができ，場合によってはスクー

ルカウンセラー任せになりかねない事態を招いた。

　さらに，子どもの不登校，いじめ，暴力行為などの問題行動や児童虐待が年々増加したことから，文部科学省は2008年度に「スクールソーシャルワーカー活用事業」によって，スクールソーシャルワーカーの導入を行った。ソーシャルワークは「個人とその人を取り巻く環境との間の相互作用を構成する社会関係に焦点を当てた」活動である。実際には，子どもの抱えている問題の背景をアセスメントし，子どもが置かれている家庭・学校・地域環境調整をネットワークの活用によって行い，問題を改善，解決する。このとき，スクールソーシャルワーカーは，子ども支援の主体者である教師と一緒にアセスメントを行い，協働して支援を行っていく。しかし，教師の多忙さの状況から，家庭の要因で学校生活に問題を生じているとされる児童生徒の保護者対応や不登校支援，メンタルヘルスの課題などスクールソーシャルワーカー任せになっていることもある。

　スクールカウンセラーもスクールソーシャルワーカーも，生徒指導・教育相談上の問題の背景を教師に伝え，子ども理解を促しながら，子ども支援を実践しようとする。教師には問題の背景を伝えるものの，理解の浸透が難しい部分がある。教育領域が長年行ってきた問題対応の意識が強いからかもしれない。しかしながら，子どもの生徒指導・教育相談上の問題には，メンタルヘルスにおける心理社会的要因，生物学的要因，医学的要因が必ず関与している。スクールカウンセラーやスクールソーシャルワーカーは，その理解を教職員に普及することが必要である。そのために，校内外の教職員の研修参加や校内会議の定例化による組織的な取り組みにより教職員のメンタルヘルスの共通理解を図ることが必要である。

4) 教職員による健康観察力の向上

　メンタルヘルス問題の背景要因は，それぞれの子どもによって異なる。子どもの抱える問題に気づくには，教職員の健康観察によるところが大きく，担任，養護教諭などが子どもの体調不良や欠席・遅刻などの日常的な心身の健康状態

を把握することにより，心身の変化について早期発見・早期対応を図っている。「いつもと少し違う」「元気がない」「イライラしている」「衝動的な様子が見られる」「幼い様子を見せだした」「否定的な言葉が多い」「食欲がない」「遅刻が多い」「中抜けが目立つ」「ぼんやりしている」「授業中の発表がなくなった」「保健室や職員室の近くをうろつく」「教師の近くにいたがる」「休み時間に友だちと遊ばない」など，「ちょっと違う」「ちょっと気になる」といった気づきが観察には重要である。「これぐらいならいいかな」で見過ごしてしまうことによって，子どもの抱える問題理解につながっていかない。教職員の気づきを研ぎ澄ますこと，子どもを見ようとする努力が必要である。そして，観察した事柄，気づいた事柄と関係者との情報を基にして，不適切行動という視点ではなく，メンタルヘルスの視点からも子どもの問題背景をアセスメント（第9章3参照）していくことが重要である。

　また，教職員の健康観察力が子どもの抱える問題の早期発見，早期対応につながることはいうまでもない。担任だから，養護教諭だからではなく，日常的に組織的な気づきを大切にして，子どもの少しの変化を教職員間で共有ができる校内組織体制，危機管理体制が必要である。

5）連携（関係機関・家庭・地域）

　メンタルヘルスに関する問題への対応は，校内の対応では解決できないことも多く，地域の関係機関との連携によって問題の改善を図ることが重要となる。校内で問題の背景を適切にアセスメントし，適切な関係機関と連携することが必要である。適切な関係機関と連携するためには，学校を取り巻く関係機関の特徴や機能を教職員も理解し，子どもを支えるために協働する体制作りが大切である。また，子どもを支えるためには，学校だけでなく家庭や地域の組織的なつながりが求められる。

　メンタルヘルスの問題への気づき，早期発見は学校だけでできるものではない。教職員は，子どもを支えるために日常的に家庭や地域とつながる姿勢が大切である。子どもの健全な成長を学校，家庭，地域が支えるという認識に働き

かける発信を，教育現場が積極的に行うことが必要である。

6) 校内組織体制および危機管理体制（リスクマネジメント・クライシスマネジメント）の構築

　生徒指導・教育相談上の問題が多様化・深刻化し増加する現状に対し，適切に対応できる校内組織体制の充実は不可欠である。さらに，メンタルヘルスに関する問題が生徒指導・教育相談上の問題に関与していることの現状を踏まえ，メンタルヘルスの視点を取り入れた校内組織体制の見直しが必要だと考える。

　そこで，教職員の気づきを効果的にマネジメントし，子どもを多面的に理解するための教職員の情報交換や共通理解が図られ，協働対応ができるような組織体制が必要である。また，校内組織体制を定着させ，効果的な運営を図るためには，校内会議への管理職（校長・教頭）の出席は重要であり，さらに，会議のための時間確保と定例化（月1回など），ケース会議（事例検討会），校内研修が必要である。校内会議への管理職の出席は，校内全体で取り組む意識づけとなり，教職員のモチベーションの向上，維持することにつながる。また，ケース会議や校内研修を行うことは，校内の課題共有，事案に対する共通理解，校内で一貫性ある対応，教職員のアセスメント力の向上，危機管理意識の向上などにつながり，子どもの問題の防止（リスクマネジメント），早期発見・早期対応（リスクマネジメント）に影響を与える。さらに，校内組織体制が活動することで，家庭，地域，関係機関（者）との連携が強化される構図をつくる（図8.1）。校内組織体制が定着することで，個人（担任）の抱え込みがなくなるとともに，教職員間の協働意識は高まり，一人ひとりの負担感は軽減する。校内組織体制の充実は，子どもと教職員のメンタルヘルスにも効果的な取り組みになると考えられる。

　小学校・中学校における生徒指導・教育相談上の問題には，子どものこころの健康が影響していることから，学校におけるメンタルヘルスのアプローチが問われるところである。しかし，教育現場でのメンタルヘルスに対する認識は低く，生徒指導・教育相談上の問題とは切り離されて考えられ，子どもへの支

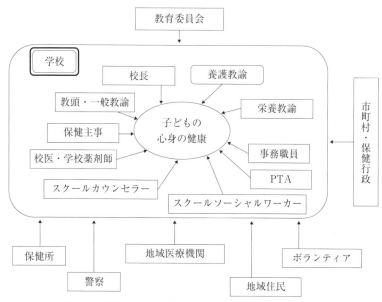

図8.1　子どもの心身の健康を支えるマンパワー・関係機関

援が行われている現状がある。

　アメリカでは，20年以上も前から，「情緒・行動上の問題を対象としてメンタルヘルス（精神保健）サービスが関わっている。そして，5人に1人は何らかのメンタルヘルスのニーズがある」と，指摘している（Rockville 1999）。また，児童精神科医である小野（2006）は，「子どもが心身ともに，健康に生育し適応的な成人になるためには，児童・青年期からの精神保健が重要であり，必要な精神保健サービスが必要な時期に提供されるようなシステムを確立しなければならないが，そのためには，教育，保健，医療，福祉など子どもに関わるあらゆるサービスからのサポートも欠かせないものである。子どもの持つリスク要因に対して，より早期から予防的に対処するためには，精神医学的に診断されるだけでなく，子どもたちが家庭，地域社会，学校などでの生活で何らかの困難が生じている問題に対し，精神保健の立場からも支援を提供することが必要となる。」と，必要な時期の適切なメンタルヘルスサポートの必要性につい

て述べている。

　近年，多様化する子どもたちの問題に効果的な対応を図るべき，学校の校内
組織体制の重要性がいわれているが，教育現場では未だに縦割りの校内組織体
制が根強く残っているようにも感じている。もちろん，それは教師意識の問題
だけでなく，多忙すぎる教師の現状が影響していることも否定できない。虐待
問題，いじめ問題，不登校問題など問題ごとに対応した分担的組織体制となり，
縦割りの校内組織体制がつくられるのは当然なのかもしれない。しかし，校内
の体制を強化するためには分担組織体制を見直す必要がある。

第9章

「抑うつ」学校における子ども支援

1. 子ども観察・気づき

　教職員が観察や気づきで気になるところは「子どもの変化」「いつもは見られない言動」ではないだろうか。これらは，何ら事象が起きるかもしれないと考える「教員の予知・予測」である。子ども観察においては「教員の予知・予測」を十分に生かす取り組みが求められる。

　子ども観察では，見えやすいものと見えにくいものがある。見えやすいものは，子どもが表出する言動である。教師にとっては見えやすい不適切な言動が対応の基準になっている場合が多い。実際には，不適切でない言動も対応が必要なことがある。一方で見えにくいものに，気持ち（こころ）がある。子どもの気持ち（こころ）は，成長とともに，環境とともに揺れることがあり，不安になったり，自己肯定感が下がったり，恐怖感が生じることにつながる。

　見えにくいところの観察は，教員と子どもの会話，子ども同士の会話，教育相談などの言語化された内容や子どもの表情や言動の変化から観察する。変化に目を向けること，「以前とちょっと変わった」ところに気がつくことが大切である。ややもすると「ちょっと気になること」には，「もう少し様子を見よう」など先延ばしにしてしまうことがある。成長の早い子どもにとっては「もう少し様子を見よう」の意識が対応の遅れとなることがある。

　この節では，抑うつ状態の子どもの様子について述べる。職員の気づきや観察のポイントにしてほしい。

抑うつ状態の子どもは，学校生活において

『表情が乏しくなった』『イライラしていることが多い』『理由がなく怒り出す』『理由がなく涙を流す』『テンションが高い』『暴言や暴力が見られるようになった』『ちょとしたことが気になる』『食欲が下がる』『食事に興味を示さない』『急激な痩せ』『ため息をよくつく』『チックや腹痛などの身体症状が見られる』『友達との交流状況が減った』『休み時間一人でいることが多い』『休み時間自席で過ごすことが多い』『静かになった（大人しくなった）』『物を落としたり，物にぶつかったりすることが多い』『急に甘えてくることが増えた』『幼い行動が増えだした』『動き出すまでに時間がかかるようになった』『動作がゆっくりになった』『筆箱などの持ち物が幼くなった』『学習の集中力が低下した』『学力の低下』『書字が雑になった』『授業中に下を向いていることが多い』『着席時，姿勢が保持できなくなった』『忘れ物が多くなった』などの様子が見られる。

　会話の中では，自己肯定感が下がった表現や恐怖，不安，緊張を表すことばがでてくる。「めんどくさい」「どうでもいい」「どうせ何をしても」「頑張っても仕方ない」「なんで生きているの（生きている意味を探す）」「勉強する意味は」「○○する意味は」「何が楽しいの」「何をすればいいかわからない」「食べ物に興味がない」「おなかが空かない」「人が怖い」「よく怖い夢を見る」「追いかけられる夢をよく見る」「将来が見えない」などがある。思春期の子どもにみられるよくある話しとして流してしまうことは危険である。

　子どもの気持ち（こころ）のSOSでは，授業中の様子からも観察することができる。学習の状況などを通して教師の気づきを発揮していくことが大事である。例えば，「緊張の高い子どもは背筋をピーンとさせた状態（背筋が緊張状態）で座っていたり，周囲が笑っても無表情だったり，また，イライラしている子どもは，体の一部が動いていて落ち着きがないように見えていたり，物を落とす回数が多かったりする」を授業中や教室巡回するときの観察点に入れると良いと思う。

2. 落ち着ける校内環境

　子どもが落ち着ける環境づくりでは，相談しやすい環境が整っていることが重要である。学校生活，授業における環境づくりについて述べていく。

　多様なメンタルヘルスの増加にあっては，視覚や聴覚など五感に敏感であったり，影響しやすいということを意識した指導・支援の配慮が必要である。例えば，授業中，黒板に向かって座っている子どもにはさまざまなものが視覚に入ってくることで『イライラする』『集中が途切れる』『落ち着かない』『気が散る』などが起こる。抑うつ状態であったり，発達の課題がある子ども，そうでない子どもであっても授業中は落ち着いて，集中したいと思っている。子どもが落ち着いて学習しやすい環境づくりでは，授業中の黒板周囲もしくは黒板に掲示物を張ったり，黒板に以前の文字が薄く残っていたりしないことが望ましい。また，板書時の文字がカラフル過ぎることも適切でない。構造化した内容の板書は，子どもの落ち着きや理解すなわち学習時に整理して理解することにつながる。板書や掲示物と同様に，授業中に子どもの視覚に入ってくるものに，教師の机がある。子どもたちが黒板を見たときに教師の机の上に物が積まれてあったり，片付いていなければ，黒板や掲示物と同様に落ち着かない状況を作ってしまうことから注意が必要である。

　最近，ICT授業が盛んになり，黒板とデジタル黒板が併用されている。デジタル黒板を使用した後に黒板に切り替え，教師が「黒板を見て」と子どもに声かけをするが，デジタル黒板が静止画像のままだったり，さらにはスクリーンセーバーが設定されていて画像が動いていたりすることがある。すぐデジタル黒板を使う予定なのかもしれないが，これらも子どもの落ち着き，集中に影響することを意識してほしい。

　また，授業中の環境づくりだけでなく，学校生活の大半を過ごす教室内の環境整備（ロッカー，ロッカー上，ごみ箱，掃除道具入れなど）も配慮すべき点である。

　さらに，教室以外の廊下の掲示物なども教室の環境と同様に整理し，落ち着

く環境を作ることが必要である。

　落ち着ける校内環境は，教室単位でなく組織的に学校全体を捉えて行わなければ効果的でない。組織として子どもが落ち着ける環境，安心して通える学校を目指すべきである。

3. 授業中の緊張を下げる

　子どもの落ち込みやつまずきを軽減，改善することは，落ち込みの軽減となり抑うつ状態の子ども支援となる。多くの子どもにとって，授業時間は休み時間と違い緊張するもの。それが，発達，学習課題，養育環境の課題，抑うつ状態である子どもにとってはさらに緊張する時間である。例えば，間違った回答をしたときに教師がいかに自己肯定感を下げないような対応をするか，教室の緊張の高まり，集中が切れだしたときに，いかに授業にインターバルを取り入れるか教師力が求められる。

　子どもの集中時間について，小学校低学年は 15 分，高学年は 20 分，中学生は 30 分といわれる。子どもの集中時間に合わせて，授業の組み立てを一定化することは難しいと考える。それぞれの子ども集団，クラス集団をアセスメントし，授業の組み立ての工夫が必要である。多様な子どもたちを集団として捉えたときに，どのような集団なのかをアセスメント[1] することが必要である。例えば，発達や学習課題，メンタルヘルスの課題（抑うつ），養育環境の課題などにより，社会性（集中力，協調力，対人関係，コミュニケーション力など）にどのような影響があり，授業にどのような困難さが出ているのかをアセスメントし，授業中のインターバルやグループワークを考え授業を進めていくか。また，板書や教員の話し方，伝え方などをどのように工夫するかを考える。集団教育だから一定の教育で良い時代は終わったのである。多様な子どもを考慮した授業のあり方が必要なのである。

　また，アクティブラーニングにおいては授業中のグループディスカッションが盛んになる。クラスの友達関係や対人関係力を配慮したグループ分け，人数などを考慮することが望ましい。クラスの状況をよくアセスメントし，グルー

プは少人数（ペア）から人数を増やす，4 人の偶数メンバーにするなどの配慮が必要である。

注）
1）アセスメントとは，子どもの状況（不登校，集団不適応など）がなぜ起きているのかを，情報を収集し，その情報を分析したり統合したりして，何らかの結果や評価を見いだしていくことである。

アセスメントの過程

アセスメントの視点
① 子ども本人（学力，発達状況や性格，特性，心理状態，ストレングス《強み》などを含む）
② 家庭環境（経済状況，子育て状況，家族関係，価値観などを含む）
③ 学校環境（子どもと友達・教員との関係，保護者と教員・学校との関係，学級の状況，部活の状況などを含む）
④ 地域環境（地域と子ども，地域と家庭の関係，地域状況などを含む）
⑤ 支援状況（学校および学校以外の支援を含む）
　①〜⑤の視点からの情報を分析し統合することで，子どもの現状をアセスメントする。

4. 記録・支援の共有

　記録によって，子どもの安全や発達保障のために行った指導・支援を客観的に示し，記録をもとに情報を共有し，担当教員だけでなく他の教員が授業や指導，支援を行っても一貫した対応が取れるようにすることが，学校・学習環境に変化をもたらさず安定した指導・支援を提供することになる。
　学校・学習環境の変化をできるだけ少なくするということが支援の効果を高めるといわれる。これは，ハード面的なものだけでなく，ソフト面である支援環境を指摘するものでもある。支援環境の変化は，子どもの学校生活，活動で

のつまずきや失敗を起こしやすい。子どもの学校生活，活動でのつまずきや失敗は落ち込みを強め，抑うつ状態を生み出すことになりかねない。

　支援の共有には，記録が役立つ。記録は，①指導・援助を行った日時，時間，場所，②どのような目的で何を行ったか，③行ったことによる子どもや保護者などの反応を，客観的にありのままに書くことが重要である。記録者の主観が混じりこまないことが原則である。

5. 保護者連携

　子ども支援においては，子どもの養育者である保護者と子どもの現状を共有し，学校と家庭が連携し子どもを支援していくことが大切である。

　例えば，抑うつ状態の子どもの言動が問題行動となることがある。問題行動を起こす子どもについて保護者と学校が共有を図る。そのときに，行動を改善させようとする学校と家庭の両方で注意，指導をすることが多くなり，そのことで子どもの自尊感情が下がり，さらなる抑うつ状態を強め，継続して不適切な言動を起こすことがある。学年が上がると問題行動は見られなくなっても，抑うつが強まり，抑うつ症状で対人関係や意欲，楽しさが低下してしまうことがある。本来子ども支援のために必要な家庭との連携が，子どもにとってマイナスの効果を招いてしまうことがある。

　しかし，問題行動の背景にある子どものメンタルヘルスを共有した場合は，注意や指導をすれば行動の改善が図れるという学校や家庭の考えが変わるはずである。

　子どもの問題行動の背景にある課題に着目し，その背景にある課題を改善しようと支援する。表出された言動は，あくまで結果であり，その背景に子どもが抱える課題があることを忘れてはならない。

　これまでの研究では，問題行動や不登校などの背景に抑うつ状態が存在することが明らかになっている。問題行動や不登校などの状態を生じる子どもたちこそが，つらい状況に置かれていることを教師や周囲の大人が認識しなければならない。

　学校は，保護者との連携において学校で起こるエピソードの共有ではなく，子どもの支援を協働できるように，エピソードの背景を共有し，支援を協働していくことが大切である。

　うつと希死念慮や自殺の関係は医学的にも明らかなところであり，子どもから希死念慮・自殺念慮の語りが見られたら，児童生徒に家族への連絡の必要性を伝え，家庭まで送り届けるまたは，迎えに来てもらうなどの対応を取る。学校は，保護義務の立場から，必ず保護者に連絡する。子どもが家族に伝えないでほしいといった時であっても，学校としては見過ごせない（あなたの命を守りたい，守る義務がある）ことを説明する。子どもは，保護者に伝えられた後の家庭で起こることが予測されるから，心配で保護者に伝えてほしくないのである。学校がすべきことは，保護者に伝えないのではなく，子どもが帰宅後に安心できるように保護者への対応を図ることである。希死念慮や自殺念慮，自傷行為などを「この子は大丈夫」などと過小評価する人がいるが，根拠のない危険な判断である。また，わが子の希死念慮や自殺念慮，自傷行為を信じたくないという保護者もいるが，「子どもが自殺する危険は十分あること」「学校は危険だと考えていること」「子どもの命を保護者とともに守りたいこと」今何をすべきか（受診，見守りの方法，話を聴くことなど）を話すことが重要である。

6．他機関連携

　児童生徒の問題行動や不登校などに抑うつ状態と社会，学校，家庭環境が影響していることは，研究でも明らかである。学校は，子どもの学習権や発達権を保障するところである。子どもの支援を行おうとする場合，学校だけでなく子どもの背景にある家庭，地域などの調整を図る必要ある。学校は，子どもの問題解決のために関係機関と連携（情報および行動連携）を行い，効果的な支援を図らなければならない。そのために，学校が他機関と連携し，各機関がそれぞれの機能（役割）を生かした支援を行うことが重要である。

　他機関連携を行うためには，子どもの現状をアセスメントし，学校の支援

（学校ができる支援）を明確にして他機関と連携を図ることが重要である。言い換えれば，学校のアセスメントや支援が明確でなければ，適切な連携とはならないのである。学校のアセスメントや支援が明確でなく連携を図ろうとすると，目的が子ども支援ではなく，学校が対応に困っている状況の共有になってしまうからである。

7. 支援を引き継ぐ

　進級・進学・転学などによる学校や教室，教員や友達など環境変化は子どもにとって大きな不安やストレスの要因となる。さらに，新しい環境での学習や対人関係での失敗やつまずきは子どもの心身の状態や行動に影響を及ぼしやすい。失敗やつまずきによって気持ちが落ち込み自信を喪失することで，人との交流を避けたり，集団に入りにくくなったり，不適切な行動が表出したりすることがある。

　研究結果でも小学1年生や中学1年生に抑うつ状態が高くみられる。新しい環境になじみにくい，失敗やつまずきが起きやすい状況を軽減，予防できるように，子どもの見立て，校内の指導・支援などの丁寧な情報の引き継ぎをすることが必要である。情報を引き継ぐためには，前任者が引き継ぎ情報を時間軸で整理し可視化しておくこと，引き継ぎに際して子どもや保護者の不安や思いなどを聞き取っておくことが重要である。

　引き継ぎは，子どものために適切な支援をつなぐことが目的である。引き継ぎ方法においては，引き継ぎシートや文章だけでなく口頭で確実に伝達することが望ましい。そこで，引き継ぎのための時間の確保や組織的な取り組みを実施することが必要である。なぜならば，組織的な引き継ぎは，組織支援をつなぐことにも意義をもつからである。組織的な引き継ぎが，学校の組織支援を強化し，教員一人で問題を抱え込むことなく，子どもに安定した支援，効果的な支援が行えることを研究の中で体得した。

　研究結果をフィードバックした時には，教師心理教育を必ず行ってきた。教

師心理教育では，データや子ども観察から子どものアセスメントを行い子ども理解に必要な情報，研修を提供した。そして，指導・支援のあり方，学校環境の調整などを教師らと共有し，学校として共有を図ってきた。そのことが，教師の意欲や認められ感につながり，子ども対応の負担感が下がったこと，組織的対応が高まったことなどが，教師の聞き取りからわかった。教師の抑うつに関する認識が高まったことで，メンタルヘルスに関して，早期に保護者連携，医療連携を実施する対応力が学校に定着した。

　また，小学校・中学校連携が研究結果の共有・引き継ぎによって強まった。調査データを進級時に引き継ぐシステムが作られた。まさしく，教育的な視点だけでなく，メンタルヘルスの視点からの子ども理解，アセスメント，支援につながったと考える。教師心理教育で学校連携や組織対応，支援・観察力の向上，教員の疲弊感の軽減などにはプラス効果は見られたが，子どもの抑うつ状態に大きな好転が見られなかったことは残念である。しかし，抑うつ状態の子どもが大きな増加を示さなかったことでは，効果があったとも考える。

　子どもの抑うつ状態は，学校現場で子どもたちの SOS として問題行動や不登校などを表出させている。しかし，抑うつ状態は子どもが SOS を表出する学校環境だけでなく，家庭，社会環境も影響している。研究結果を踏まえ，学校現場だけの支援だけでなく，子どものメンタルヘルスに関する包括的支援を構築しなければならないことを強調したい。

おわりに

　本書は，長年の研究テーマである「子どもの抑うつと問題行動・不登校の関連」についてまとめたものである。

　今から20年前，筆者は学校現場で教育相談を行っていた。その頃は，増加傾向にある不登校について「誰でも不登校になる可能性がある」といわれた時期である。1995（平成7）年度から始まったスクールカウンセラー事業も需要を拡大していた。当初，不登校は心の問題と考えられていたが，不登校の課題は家庭環境にあるのではないかともいわれ始めた。同時に，暴力行為などの問題行動も増加傾向にあった。学校現場は，増加する問題行動や不登校の対応で教師は多忙であった。対応をしても大きな改善が見られない問題行動や不登校に対し，学校現場もまた暴力行為や不登校は，家庭環境の課題だと思いたかったのかもしれない。

　その後5年間ほど学校現場の問題行動や不登校対応にかかわってきた。そのなかで，子どもの問題行動や不登校の行動が「養育環境の影響で起きている」と考えていいのだろうかという疑問が湧いてきた。実際に子どもたちと接し，学校現場や家庭の状況を知れば知るほど「問題行動や不登校に，子どもを取り巻く学校・家庭環境が影響しているとしても，そこにはメンタルヘルスの課題が生じているのではないか」という思いが起きてきた。

　その疑問を研究によって明らかにしたいと思い，2008（平成20）年大阪府立大学（現大阪公立大学）大学院人間社会研究科社会福祉学専攻博士後期課程に入学し，精神保健学（医学博士）を専門とされている三野善央教授（現みのクリニック院長，岡山市）のご教授を頂いた。本書にある2009年度の研究は，入学の翌年から開始したものである。大学院入学から現在を考えると，研究テーマの中心はいつも「子どもの抑うつと問題行動・不登校」であった。

　研究を始めたころは，学会発表をすると「子どものメンタルヘルス」「子ど

ものうつ」という研究にはあまり関心が示されないことを感じていた。その経験から、「子どものうつ」や「子どものメンタルヘルス」に社会の関心が高まることを願って研究を続けられたのかもしれない。研究の期間中に新型コロナ感染症があり、研究で学校現場に入れないときもあった。しかし、この時期「子どものストレス」が社会の関心となった。2020年、研究協力をいただいていた教育委員会から市内の全学校・全児童生徒を対象とした研究協力を得ることができた。学校現場に研究協力を得ることが難しかった時期から、教育委員会や小学校・中学校のご協力を得られたこと、質問紙調査に時間を取ってご協力いただいた先生方、児童生徒の皆さんには、感謝の気持ちでいっぱいである。そして、調査だけでなく、調査結果のフィードバックにも時間を取っていただき、先生方と一緒に児童生徒の支援を考えられたこと、その時間を許可してくださった管理職の先生方には、言葉で言い尽くせない感謝の思いがある。

　長期間の研究協力を頂いたことで「①小学生・中学生のどの学年にも抑うつ状態を示す児童生徒が存在し、増加・継続傾向にあること、②抑うつ状態が問題行動や不登校などに影響をたたえていること、③抑うつ状態によって行動は低・中学年では動的な行動に表れやすく、それ以降は対人関係の交流、意欲、元気さに影響し、対人関係、意欲、元気が低下してくること、④抑うつ状態を示す児童生徒に『生きていることは楽しいと思わない』が高く表れること、などが明らかになった。子どもの抑うつ状態には、学校環境、家庭環境、社会環境が影響していることも検証された。学校現場に向けて、子どもの問題行動や不登校に抑うつ状態の視点をもって、学校生活や授業への支援が必要なことが提唱できたことをうれしく思う。

　「子どものうつと問題行動・不登校の関連」の研究に自信をもって続けることができ、2021年に日本小児保健協会学術集会優秀演題賞を受賞したのは、大阪府立大学大学院で三野善央先生からご教授を受けたことが大きく、感謝の気持ちしかありません。

　また、学校現場で子ども支援を始めたころから現在も、学校現場や教師のノ

ウハウを指導いただいた先生方に大変感謝しています。学校現場や教師理解を深め研究が進められたのは，先生方のおかげです。

　最後に，研究に協力してくださった教育委員会・学校の先生方，児童生徒の皆さん，そして研究に導いてくださった三野喜央先生，岡山県立大学という研究機関に所属し研究を続けられていることに，心より感謝しお礼を申し上げます。

　本書は，費基盤研究 C（18K02156）「児童生徒の問題行動予防プログラムの構築—問題行動と抑うつの関連に着目して—」の助成を受けた成果の一部であり，この場をお借りして深くお礼を申し上げます。

　2023 年 1 月吉日

周防　美智子

引用・参考文献

〔欧文献〕

American Psychiatric Association. (2000) *Diagnostic and statistical manual of mental disorders. Fourth ed., Text Revision ; DSM -IV -TR*. Washington, D.C : American Psychiatric Association. (高橋三郎・大野 裕・染矢俊之訳 (2008)『DSM-IV-TR 精神疾患の診断・統計マニュアル』医学書院)

Birleson, P. (1981) "The validity of depressive disorder in childhood and the development of a self-rating scale", *J. Child Psychiatry*, 22, 47-53.

Birleson. P., Hudson, I, Buchanan, D. G., et al. (1987) "Clinical evaluation of a self-rating scale for depressive disorder in childhood (Depression self-rating scale) ", *Journal of Child Psychology and Psychiatry*, 28, 43-60.

Charman, T. & Pervova, I. (1996) "Self-reported depressed mood in Russian snd UK school-children A research note", *Journal of Child Psychology and Psychiatry*, 37, 879-883.

Harrington, R. (1994) "Affective disorders", In: Rutter, M., Taylor, E. & Hersov, L. (eds.) : *Child and adolescent psychiatry Modern approaches* 3rd ed., Oxford, Blackwell Science, 330-350.

Harrington, R. (2002) "Affective disorders", In : Rutter, M., Taylor, E. & Hersov, L. (eds.) *Child and adolescent psychiatry Modern approaches* 4th ed. Oxford, Blackwell Science, 463-485. (日本小児精神医学研究会訳 (2007)『児童青年精神医学』明石書店)

Ivarsson, T. LIdberg, A. & Gillberg, C. (1994) "TheBirlson Depression Self-Rating Scale (DSRS). Clinical evaluation in an adolescent inpatient population", *Journal of Affective Disorders*, 32, 115-125.

Ivarsson, T. & Gillberg, C. (1997) "Depressive symptoms in Swedish adolescents: Normative data using the Birleson Depression Self-Rating Scale (DSRS) ", *Journal of Affective Disorders*, 42, 59-68.

Kovacs, M. (1981) "Rating scale to assess depression in school-aged children", *Acta Paedopsychiat*, 46, 305-315.

Rockville, M. D. (1999) "U. S. Department of Health Services", *National Institutes of Health*.

Satake, H., Yoshida, K., Yamashita, H., et al. (2003) "Agreement Between Parents and Teachers on Behavioral/Emotional Problems in Japanese School Children Using the Child Behavior Checkiist", *Child Psychiatry and Human Development*, l34, 111-115.

Tomoda, A., Mori, K., Kimura, M., et al. (2000) "One-year prevalence and incidence of depression among first-year university students in Japan: A preliminary study", *Psychiatry and Clinical Neurosciences*, 54, 583-588.

〔邦文献〕

新井邦二郎（2006）「一般児童における抑うつ症状の実態調査」『児童青年精神医学とその近接領域』47，57-68.

有村信子（2003）「養護教諭複数配置やスクールカウンセラー導入が養護教諭の執務に与える影響Ⅱ」『鹿児島純心女子短期大学研究紀要』33，19-29.

石津憲一郎・安保英勇（2007）「中学生の抑うつ傾向と過剰適応」『東北大学大学院教育学研究科研究年報』55，2，271-288

泉本雄司・下寺信次（2010）「子どものうつの臨床尺度と調査研究」『児童心理』59，6，25-30.

内田香奈子・山崎勝之（2006）「子どものうつ病と学校における予防的介入のあり方」『鳴門大学学校教育研究紀要』21，21-30.

大井正己（1978）「若年者のうつ状態に関する臨床的研究—年齢と病像の変遷との関連を中心に」『精神神経学雑誌』80（8），431-469

岡田倫代・鈴江毅・田村裕子他（2009）「高校生における抑うつ状態に関する調査—Birleson 自己記入式抑うつ評価尺度（DSRS-C）を用いて」『児童青年精神医学とその近接領域』50，57-68.

大原榮子・黒澤宣輝・垣内シサエら（2011）「養護教諭の専門性と学校看護の捉え方についての研究」『名古屋学芸大学短期大学部研究紀要』8，14-33.

岡崎由美子・安藤美華代（2011）「児童の学校ストレスに対する心の健康教育—養護教諭による授業の試み—」『学校保健研究』53，437-445.

奥山眞紀子・氏家武・原田謙他（2007）「こどものうつハンドブック，適切に見立て，援助していくために」診断と治療社.

小野善郎編著（2006）『子どもの福祉とメンタルヘルス—児童福祉領域における子どもの精神保健への取り組み—』，明石書店．pp. 29-30.

カトナ C. M. ロバートソン著・島悟監訳（1997）『図説精神医学入門第3版』日本評論社.

木村直子（2005）「子どものウエルビーイングとは」『現在のエスプリ』453，31-39.

清田晃生（2008）「不登校とうつ」『精神治療学』23，847-854.

岸田広平・石川信一（2016）「中学生の抑うつと不安に対する社会的スキルの横断的および縦断的影響の検討」『不安症研究』8（1）：2-11.

岸田広平・津田征海・石川信一（2021）「親評定尺度に基づく児童青年の抑うつ症状に関する検討」*Doshisha Clinical Psychology: Therapy and Reseach* 11（1）：25-35.

黒田祐二・桜井茂男（2002）「子どもの抑うつ研究の概観」『筑波大学心理学研究』23，129-138.

厚生労働省（2021）「子育て世代にかかる家庭への支援に関する調査研究報告書（令和3年3月）」https://www.mhlw.go.jp/content/000793394.pdf.（2023.8.3）

厚生労働省（2023）『精神疾患を有する患者数の推移』https://www.mhlw.go.jp/stf/wp/hakusyo/kousei/22/backdata/01-03-02-13.html（2024.1.5）

後藤ひとみ・小川佳子・内山奈美子（2005）「複数配置校における養護教諭の活動実態―1日の活動および保健室来室者への対応から捉えた利点―」『愛知教育大学研究報告』54，47-55.

子ども家庭庁（2023）『児童虐待における相談対応件数（令和4年度）』

子どものからだと心・連絡協議会（2011）『子どものからだと心　白書』

齊藤彩・松本聡子・菅原ますみ（2016）『児童期後期の不注意および多動・衝動性と抑うつとの関連―養育要因と自尊感情に着目して―』パーソナリティ研究，25（1）：74-85.

齊藤万比古編集（2009）『子どもの精神病性障害―統合失調症と双極性障害を中心に―』中山書店.

佐藤寛・新井邦二郎（2002）「子ども用抑うつ自己評価尺度（DSRS）の因子構造の検討と標準データの構築」『筑波大学発達臨床心理学研究』14，85-91.

佐藤寛・永作稔・上村佳代ら（2006）「一般児童における抑うつ症状の実態調査」『児童青年精神医学とその近隣領域』47，57-68.

佐藤寛（2008）『児童の抑うつ症状に影響を及ぼす認知的過程』風間書房.

柴田玲子・松嵜くみ子・根本芳子（2008）「子どものQOL研究の現状」『教育と医学』665，72-79.

下田幸三（1941）「躁うつ病の病前性格に就いて」『精神神経学雑誌』45：101-102

下寺信次（2006）「うつ病の心理教育―精神科病棟や外来での実践―」『最新精神医学，541-545.

新福尚武・岩井寛（1971）「小児のデプレッション」『臨床と研究』48（5）：158-163.

周防美智子（2007）「子どものためのソーシャルワーク―子ども家庭相談室からスクールソーシャルワークを考える―」『龍谷大学大学院研究紀要』14，97-116.

周防美智子（2010）「子どもの問題行動とうつの関連―支援技法に関する一考察―」『帝塚山大学心理福祉学部紀要』7，85-96.

周防美智子・三野善央（2010）「子どものうつへの教師心理教育―小学生抑うつ調査後の介入―」『心理教育・家族教室ネットワーク第13回抄録集』47.

周防美智子（2012）「子どものうつとQOL」『帝塚山大学心理学部紀要』1，99-112.

周防美智子（2020）「児童生徒の問題行動に関する研究―問題行動と抑うつの関連に着目して―」第79回日本公衆衛生学会.

周防美智子（2020）福祉臨床シリーズ編集委員会編『児童や家庭に対する支援と児

童家庭福祉制度（第 4 版）』弘文堂.

周防美智子（2021）『児童生徒の問題行動の要因に関する研究〜抑うつと児童生徒が抱える課題の関連から〜』第 67 回日本小児保健協会学術集会（2020 年日本小児保健協会学術集会優秀演題賞受賞）

周防美智子（2021）「コロナ禍における児童生徒の抑うつ状態と行動および背景課題に関する研究」第 80 回日本公衆衛生学会

周防美智子・片山紀子（2023）『生徒指導の記録の取り方』学事集出版

周防美智子（分担）（2024）『生徒指導 引き継ぐべき 7 つの情報ポイント』学事出版

菅原ますみ，八木下暁子，詫摩紀子他（2002）「夫婦関係と児童期の子どもの抑うつ傾向との関連，家族機能および両親の養育態度を媒介として」『教育心理学研究』50，129-140.

高橋高人・岡島義ら（2010）「中学生における不安と抑うつ，そしてその双方が高い児童の社会的スキルの特徴」『日本児童青年精神医学会誌』51（1），1-9

田中真理（2006）「学校現場における子どもの抑うつ」『現代のエスプリ』113-126.

傳田健三（2002）『子どものうつ病―見逃されてきた重大な疾患―』金剛出版.

傳田健三・賀古勇輝・佐々木幸哉他（2004）「小・中学生の抑うつ状態に関する調査―Birleson 自己記入式抑うつ評価尺度（DSRS-C）を用いて―」『児童青年精神医学とその近接領域，45，423-436.

傳田健三（2004）「わが国における子どものうつ病の現状」『臨床精神薬理』7，1567-1577.

傳田建三（2006）「子どものうつ病―その心に何が起きているか―」『日本小児科学会誌，110（9）：1201-1207

傳田健三（2007）「子どものうつ病」『母子保健情報，55，69-72.

傳田健三（2008）「児童・青年期の気分障害の診断学―MINI-KID を用いた疫学調査から」『児童青年精神医学とその近接領域，49，60-66.

傳田健三（2009）「子どもの双極性障害をめぐる最近の動向」『児童青年精神医学とその近接領域』50，2-8.

傳田健三（2009）「うつ病・躁うつ病」『児童青年精神医学とその近接領域，50 周年記念特集号』209-216.

留目宏美（2012）「学校保健を重視した学校経営に対する認識―公立高等学校長へのインタビュー―」『学校保健研究，53，6，538-548.

中根允文（2002）「変貌する現代社会とうつ病」『教育と医学，50，388-395.

鍋田恭孝（2007）『変わりゆく思春期の心理と病理』日本評論社.

鍋田恭孝（2010）『楽しめない・身動きできない子どもたち』児童心理，59，6，1-11.

日本学校保健委員会（2006）『児童生徒の健康状態サーベイランス事業報告書』

日本学校保健会（2007）『子どものメンタルヘルスの理解とその対応』

日本学校保健会（2018）『保健室利用状況に関する調査報告書（平成 28 年度調査結果）』

日本学校保健学会（2020）『児童生徒の健康状態サーベイランス事業報告書（平成 30 年度・令和元年度）』

長尾圭造（2011）『精神科医の社会への関わり』第 106 回日本精神神経学会総会シンポジウム.

古荘純一（2006）『新小児精神神経学』日本小児医事出版.

古荘純一（2009）『日本の子どもの自尊感情はなぜ低いのか』光文社.

本城秀次編（2009）『よくわかる子どもの精神保健』ミネルヴァ書房.

松田久美（2016）「児童期のうつ病―その要因に着目して―」『北翔大学教育文化学部紀要増刊号』.

松本俊彦（2014）『自傷・自殺する子どもたち』合同出版.

松本真理子編集（2005）「うつの時代と子どもたち」『現代のエスプリ別冊.

松本真理子（2005）「うつの時代に生きる子どもたち―人とかかわることをめぐる問題―」『現代のエスプリ別冊, 37-51.

南沢茂樹（1955）「少年期鬱病に就いて」『東京女子医科大学雑誌, 25（3）：79-101.

南沢茂樹（1957）「幼若期鬱病の追補」『東京女子医科大学雑誌, 27（8）：427-435.

三野善央（2001）「分裂病と心理教育」『臨床精神医学 30』459-465.

三野善央（2003）「家族心理教育の現状と課題」『精神障害とリハビリテーション』7（2）, 118-123.

三野善央（2007）：精神保健福祉サービスにおける根拠に基づく実践（evidence-based Practice）と疫学方法論, 精神経誌 109（10）：981-987.

村田豊久・堤龍喜・皿田洋子ら（1992）「日本版 CDI の妥当性と信頼性について」『九州神経精神医学』38, 42-47.

村田豊久・堤龍喜・皿田洋子ら（1992）「児童思春期における自己認識の発達と抑うつ傾向の関連について. 厚生省児童・思春期精神障害の成因と病態に関する研究平成 3 年度報告」7-12.

村田豊久・皿田洋子・堤龍喜ら（1993）「児童・思春期の自己認識の発達と抑うつ傾向との関連について　そのⅡ. 経年的視点からの検討」『厚生省児童思春期精神障害の成因と病態に関する研究平成 4 年度報告, 23-30.

村田豊久・清水亜紀・森陽次郎ら（1996）「学校における子どものうつ―Birleson の小児期うつ病スケールからの検討―」『最新精神医学, 1, 131-138.

村田豊久（1998）「小児・思春期のうつ」『臨床精神医学講座』4, 503-515.

村山恭朗ら（2017）「小学校高学年児童および中学生における情動調整方略と抑うつ・攻撃性との関連」『教育心理学研究。65（1）, 64-76.

文部科学省（2009）「教職員のための子どもの健康観察の方法と問題への対応」

文部科学省（2012）『通常学級に在籍する特別な教育的支援を必要とする児童生徒の

実態調査」

文部科学省（2013）「いじめ防止対策推進法」

文部科学省（2019）「不登校児童生徒への支援の在り方について」

文部科学省（2023）「誰一人取り残されない学びの保障に向けた不登校対策（COCOLO
　プラン）」

文部科学省（2023）「不登校・いじめ緊急対策パッケージ」

文部科学省（2022）「文部科学省『特別支援教育に関する調査の結果について（令和
　2〜3年度）」

文部科学省（2022）「通常の学級に在籍する特別な教育的支援を必要とする児童生徒
　の実態調査」

文部科学省（2023）「令和4年度　児童生徒の問題行動・不登校等生徒指導上の諸問
　題に関する調査について」

文部科学省国立教育政策研究所（2010）『いじめ追跡調査 2007-2009』

文部省（1997）「児童生徒のいじめ等に関するアンケート調査結果』（1996年）」

ユニセフ（国連児童基金）（2021）『世界子供白書2021：子どもたちのメンタルヘル
　ス』（原著：*The State Of The World's Children 2021：On My Mind; Promoting,
　protecting and caring for children's mental health*）

吉岡久美子（2006）「学校支援活動におけるメンタルヘルスの現状と課題—調査研究
　委託事業を通して—」『長崎国際大学論叢』6，161-168.

〔報告書〕

石坂好樹・門眞一郎・岡本慶子他（1991）「児童思春期のうつ状態の診断および実態
　について（2）」厚生省『精神・神経研究委託費』2指—15児童・思春期における
　行動・情緒障害の成因と病態に関する研究，平成3年度報告，15-23.

村田豊久・堤龍喜・皿田洋子ら（1989）「児童・思春期の抑うつ状態に関する臨床的
　研究Ⅱ」CDIを用いての検討．厚生省『精神・神経研究委託費』63公—3児童・
　思春期精神障害の要因および治療に関する研究．昭和63年度報告，69-76.

村田豊久・小林隆児（1988）「児童思春期の抑うつ状態に関する臨床的研究（その1）
　児童思春期精神障害の成因及び治療に関する研究」（班長：白橋宏一郎）昭和62
　年度厚生省精神・神経疾患研究報告書，69-81.

村田豊久・皿田洋子ら（1991）「児童・思春期の抑うつ状態の成因に関する研究」厚
　生省精神・神経研究2指-15児童・思春期精神障害の成因及び治療に関する研究
　平成2年度報告書，13-21

索　引

著者プロフィール

周防　美智子（すおう　みちこ）

大阪府立大学大学院人間社会研究科社会福祉学専攻博士後期課程単位取得退学　社会福祉学修士
帝塚山大学心理福祉学部地域福祉学科講師，岡山県立大学保健福祉学部保健福祉学科講師・准教授を経て
現在　岡山県立大学保健福祉学部現代福祉学科特任准教授
専門：子ども精神保健，スクールソーシャルワーク，子ども家庭福祉
主著：『生徒指導の記録の取り方』（2023）周防美智子・片山紀子著．学事出版月間生徒指導 2024 年 3 月号『特集　次年度のための生徒指導の引き継ぎ』共著．学事出版　ほか

子どものうつと問題行動・不登校の関連
ー「うつ」という子どもの SOS と学校ができる支援ー

2024 年 3 月 30 日　第 1 版第 1 刷発行

著　者　周防　美智子

発行者　田中　千津子　　〒 153-0064　東京都目黒区下目黒 3-6-1
　　　　　　　　　　　　電話　03（3715）1501㈹
発行所　株式会社 学文社　FAX　03（3715）2012
　　　　　　　　　　　　https://gakubunsha.com

ISBN 978-4-7620-3329-2